꿈을 이루게 하는
삶의 공식

슈퍼 어게인

꿈을 이루게 하는
삶의 공식

슈퍼 어게인

Super Again

공감

고등학교 음악실 피아노와 선생님 지도로만 음악대학교 성악과를 입학하였습니다. 동네 아이들에게 피아노를 가르치며 자비 장학금으로 음악대학을 졸업하였습니다. 23세에 결혼하였습니다. 27세, 대한민국 최고의 호텔 유니폼 납품 업체 사장이 되었습니다. 40세, 삶에 대하여 깊이 생각하게 되었습니다. 세 권의 시집을 펴내며 삶에 관하여 공부하기 시작했습니다. 42세, 출판사 발행인이 되었습니다. '미당 서정주 시선집'을 출간하였습니다. 55세, 명상을 만났습니다. 삶을 공부하겠다고 결단하니 큰 파도처럼 위기가 몰려왔습니다. 명상을 멈추지 않았습니다. 죽을 만큼 힘든 시간에도 명상에 매달렸습니다. 포기해야만 했던 순간, 깨달았습니다. 포기하기엔 너무 많이 갖고 있다는 사실을! 다시 시작했습니다. 결단하고 변화하기 시작했습니다. 성장에 집중하고 꿈을 꾸기 시작했습니다! 경험한 것을 나누며 함께 세우고 있습니다! 63세, 전 세계 치매환자의 예방 치료와 치매 치료를 돕습니다. 카톡만 해도 작가가 되는 『딱따라 책쓰기 비법』으로 신인 작가 탄생을 돕습니다. 64세! 대학 다닐 때 꼭 배우고 싶었던 교수님이 계십니다. 독일에서 공부하고 오신 교수님입니다. 그때 그 교수님께 성악 지도를 받기 시작했습니다. 꼭 하고 싶었던 공부입니다. 독창회를 준비하고 있습니다.

성공은 될 때까지
포기하지 않는 일입니다

어쩌면 생애 가장 어려운 시간을 보내고 있는지 모릅니다. 이러한 시간에 제가 행복하다고 말하면 저를 이상한 사람이라고 할 것입니다. 또 이해가 가지 않는다는 사람도 있을 겁니다. 하지만 저는 행복합니다.

지금, 당신은 행복한가요? 꿈꾸는 삶을 살고 있나요? 우리는 모두 행복을 추구하며 삽니다. 산다는 것이 무엇이냐고 제게 묻는다면, 행복한 꿈을 꾸고 그 꿈을 이루기 위해 결단하고 실행하는 과정이라고 말하겠습니다. 이루어 가는 과정이 즐겁

6

기도 하고 고통스럽기도 하면서 우리는 우리가 원하는 삶을 향해 가고 있는 것이지요. 삶의 목적은 당연히 '행복'입니다. 행복해지기 위해 사랑받고 사랑하며 사는 거지요. 꿈꾸는 삶을 살게 하는 자유로운 영혼! 산다는 것에 대한 답입니다. 제 경험이 조금이라도 도움이 된다면 참 좋겠습니다.

7살부터 좋아하는 일을 했고, 하고 싶은 일은 꼭 해내는 아이였습니다. 그때는 동네에 간장 장사가 오면 신나는 장구 소리가 났습니다. 정말 기발한 홍보 전략이지요! 멀리서 장구 소리가 나면 엄마한테 한복을 꺼내달라고 졸랐습니다. 부랴부랴 옷을 입고 동네 큰 마당에서 한바탕 춤을 추는 어린아이였습니다. 중·고등학교 때는 예고 없이 실행된 학교 평준화 정책에 실망하여 힘든 시간을 보냈습니다. 소풍지인 동구릉으로 자주 놀러 갔습니다. 새소리를 들으며 시를 쓰고 노래를 불렀습니다. 운 좋게 피아노도 없는 가정에서 음악대학교 성악과를 가게 되었고, 그 덕에 40명의 동네 아이들에게 피아노를 가르치게 되었습니다. 어려운 시간을 잘 보낼 수 있었습니다.

그러던 어느 날, 가난한 예비 의사를 만나 준비되지 않은 결혼을 하게 되었습니다. 남편을 돕겠다는 마음 하나로 음악 대신 돈 버는 일을 택했습니다. 열심히 하는 것이 기특했는지 운이 좋은 저는 성공한 사업가가 되었습니다. 대한민국 최초로 호텔 유니폼을 '움직이는 인테리어'로 재인식시켰습니다. 전국 호텔 유니폼의 고급화를 실행하여 큰 경제적 자유를 누리게 되었습니다. 88올림픽 때 인터콘티넨탈호텔, 스위스그랜드호텔, 리베라호텔의 그랜드 오픈을 도맡아 성공의 정점을 찍었습니다.

어린 나이에 성공한 저는 좋아했던 시를 잊지 못했습니다. 이성선 시인의 『산시』를 만났습니다. 『산시』가 너무 좋아서 지인에게 선물하기 시작했고 아예 『산시』를 출판한 '시와 시학사'를 인수하게 되었습니다. 펴내고 싶은 책은 가리지 않고 신나게 출판하였습니다. 아이들과 어른을 위한 '생각하는 크레파스' 그림책 100권도 겁 없이 펴냈습니다. 22년 동안 350여 권의 종합 출판사 발행인으로 행복과 고통의 조화 속에서 성장해 나갔습니다. 그러던 어느 날, 어렵게 만들어 낸 베스트셀러 작가에게 내용증명서를 받게 됩니다.

이렇게 시작된 위기는 파도처럼 밀려와 순식간에 모든 것을 잃게 되었습니다. 인간재해, 건강재해, 자연재해, 계속되는 삼재를 겪으며 온갖 고초에 시달렸습니다. 위기는 파도처럼 계속 밀려왔습니다. 마침내 두 손을 들고 무릎을 꿇게 되었습니다. 2021년 1월 13일은 결코 잊을 수 없는 날입니다. 그 어느 것 하나 꼼짝달싹할 수 없었습니다. 모든 것을 국가에 맡겼습니다. 죽고 싶은 마음을 다시 일어서는 힘으로 돌렸습니다. 오로지 다시 시작하는 것에 집중했습니다. 1년이 지난 지금, 더 크게 성공했습니다.

63년 동안 노력해서 이룬 탑도 하루 만에 무너질 수 있습니다. 오뚜기라는 별명을 가질 만큼 포기하지 않고 일어서는 인생 우등생이었지만, 자연재해 앞에서는 아무것도 할 수 없었습니다. 무릎을 꿇었습니다. 모든 것을 버리고 떠나고 싶었습니다. 하지만 포기할 수 없었습니다. 시간이 필요했습니다. 다시 더 크게 세우겠다고 결단하고 힘차게 일어섰습니다! 반드시 더 크게 일어서겠다고 결심했습니다. 위기 속에 있는 기회를 찾았고 앞만 보고 다시 걷기 시작했습니다. 살 수밖에 없다고 결단하니 살길이 보였습니다. 견뎌냈습니다. 포기하지 않았습니다. 될 때까지 하겠다고 수없이 결단했습니다. 힘든 매 순간, 결단했습니다. 오늘도 결단한 그 첫날입니다.

'이렇게 행복할 수 있을까?' 매일 아침, 자신에게 물어봅니다. 내 인생의 목표는 아픔을 넘어서 더 높은 행복에 주파수를 맞추는 것입니다. 행복한 창조자가 되는 것입니다. 어려움을 겪고 있는 사람들과 함께 일어나 같이 뛰는 것입니다. 위기는 누구에게나 옵니다. 그 위기를 넘어서 더욱더 행복한 사람으로 성공해야 합니다. 위기는 '기회의 다른 말'입니다. 포기하는 사람과 포기하지 않는 사람이 있을 뿐입니다. 저는 포기하지 않았습니다. '성공'의 길에 올랐습니다. 제 경험을 많은 분께 나누고 함께 실행하는 안내자가 되었습니다. 사명입니다. 그것이 나를 기쁘게 하고 행복하게 하는 것임을 깨달았습니다. 좋아하는 일을 다른 사람과 함께 나누니 어떤 것과도 비교할 수 없이 행복합니다. 제 경험이 누군가에게 꿈과 큰 희망이 되길 간절히 마음 내며 글을 시작합니다.

'백디와 백친의 100세인생' 오픈 채팅방에서
'100세까지 돈 버는 책 쓰기 브랜딩으로 영향력 있는 명강사 되기'를 안내하는 100세 라이프 디자이너 최원교입니다.

바람과 구름, 나무와 숲, 우리와 함께하는 생물과 무생물 모두, 공간과 시공간까지 그 모든 것을 '우주'라고 표현했습니다. 종교와는 무관한 일이니, 마음 편히 읽으시고 '삶의 공식'으로 실행해 보시길 바랍니다.

단 한 가지라도 도움이 된다면, 저자로서 참 좋겠습니다.

2022년 6월
압구정에서 최원교

차례

part 1 위기

part 4 조율

part 5 공식

part 6 명상

위기

누구에게나 위기는 옵니다.

Super Again

나에게 일어나는 모든 일은
나를 위함입니다

처음에는 화가 많이 났습니다. '어렵고 힘든 일인데 무슨 나를 위한다는 것인가?'라며 동의할 수 없었습니다. 열심히 노력하는 만큼 잘 살아질 때는 삶이 다 그런 것인 줄 알았습니다. 살아온 경험도 있고 실력도 있다고 스스로 자부하고 있었습니다. 하지만 노력해도 결과가 나지 않는 일이 시작되었습니다. 죽도록 노력하는데도 힘들기만 한 것입니다. 그제야 삶에 대하여 깊이 생각하게 되었습니다. '사는 것이 무엇인가?' 나는 어떤 사람인가?' '어떻게 살아왔는가?' 그리고 '앞으로 어떻게 살아가야 하는 것인가!'에 대하여 스스로 묻기 시작했습니다.

해마다 참가하는 볼로냐 아동 도서전에서 홀딱 반해버린 책을 만났습니다. 시리즈 전체가 어린이 도서 분야의 노벨상으로 불리는 '라가치상'을 받은 이란의 그림동화였습니다. 『닐루화루의 미소』와 『미술 선생님과 화가』라는 그림책에 푹 빠진 저는 그 자리에서 100권을 계약했습니다. 그리고는 외국어대학교 이란어과 교수님께 번역을 부탁하여 예쁜 그림책으로 펴냈습니다. 세계적인 미술상, 번역상, 출판 대상을 휩쓸어 유명해졌습니다. 덕분에 잘나가는 홈쇼핑의 제안으로 소위 대박 판매되는 횡재를 누리게 되었습니다. 그러나 그것도 잠시이고 방송을 할수록 손실이 커져만 갔습니다. 도깨비장난인 듯 알 수 없는 일이었습니다.

출판사 경제 상황은 더욱 어려워지고 행운으로 알았던 그림책은 어둠의 왕자가 되었습니다. 뭐에 홀린 듯 이해할 수 없는 상황이 원망스러웠습니다. 방송을 망친 그날, 이름난 운명학자 열 분을 찾아갔습니다. 주역, 성명학, 전생학, 명리학 등등 답답한 마음에 달려갔지만, 답은 없었습니다. 더욱 삶에 대하여 알지 못하는 자신에게 화만 났을 뿐입니다. 열심히 살았다고는 하나 도대체 삶이 무엇인지, 어떻게 살아야 하는지 상의할 스승님이 없었습니다. 막막하기만 할 뿐이었습니다. 찾아갈 스승이 없다는 것이 기가 막혔습니다.

그때부터 책을 읽기 시작했습니다. 만나는 책마다 보물찾기하듯 파고들었습니다. 대행 스님의 『삶은 고가 아니다』를 마이클 A. 싱어의 『상처받지 않는 영혼』을 만났습니다. 무릎을 쳐가며 책 속으로 깊숙이 빠져 들어갔습니다. 그곳에 답이 있었습니다. 반갑고 놀라운 기적이 시작되었습니다. 에스더 힉스와 제리 힉스가 쓴 『유쾌한 창조자』를 읽으며 무척 행복했습니다. 답을 주는 책이 있다는 것에 얼마나 감사했는지 모릅니다. 삶에 대하여 배우게 되었습니다. 책에 모든 것이 다 있었고 경험한 것들과 경험할 것들에 대하여 자세한 설명과 방법이 있었습니다. 인생이 그곳에 있었습니다. 바로 실행하기 시작했습니다.

어려운 일이 없었다면, 책을 읽지 않았을 것입니다. 나에게 일어나는 모든 일은 나를 위한 것이라는 것을 알게 되었습니다.

02

그냥, 우연히,
어쩌다 만든 시간이었습니다

『어웨이크』의 저자 박세니 선생님의 말씀처럼 제 삶은 '우연히' 한 것이었습니다. 학교도 엄마가 가라고 하니까 '그냥' 간 것입니다. 남들이 좋은 대학에 가려고 열심히 하니까 저 역시 열심히 따라 했습니다. 뒤돌아보면 제 의도나 계획 같은 것은 없었습니다. 남들이 결혼하니까 때가 되어 결혼했고 열심히 살았습니다. 아이도 당연히 낳는 것이려니 하고 아이도 낳아 행복했습니다. '그냥' 한 것이었습니다.

웃으면서 말하기에는 아주 중요한 이야기입니다만, 누구

나 "너를 태어나게 해도 되겠니?" 하고 묻고 허락받아 아이를 나은 것은 아니지요? 그래서 '책임'이라는 과중한 숙제를 안게 되는 것입니다. 아무것도 모르고 정말 '그냥' 했습니다. '사전에 얼마나 철저하게 제대로 된 준비를 거친 후에 경험했는가!'를 생각하고 살아야 성공한다고 가르쳐 주신 박세니 선생님의 말씀을 듣고 깜짝 놀랐습니다. 뒤통수를 세게 두들겨 맞은 것 같았습니다! 그런 것이 있다는 것을 처음 들었기 때문입니다. 충격적이었습니다. 첫 수업 시간에 깨달았습니다. 제가 얼마나 어리석은 삶을 살았는지를요.

'왜? 나는 열심히 살아왔는데 지금 이렇게 절벽에 서 있는 것인가!' 수없이 생각했습니다. 책을 한 권도 모자라 매일 두 권씩 읽어 삼켰습니다. 답을 찾고 싶었습니다. 일본, 유럽, 미국에서 해마다 시장조사를 하고 두 아이 엄마가 되면서도 단 하루의 휴가도 없이 뛰어다녔습니다. 남들이 다 가는 여행지, 아름다운 제주는 제게 오로지 일터였습니다. 아침 비행기로 제주공항에 도착해서 제주시에 있는 호텔의 직원 유니폼 크기를 재고, 바로 서귀포로 넘어가 또 재고 다시 제주로 돌아와 마지막 비행기를 타는, 그런 일상이었습니다.

가는 곳마다 최선을 다해 열심히 일했고, 만나는 사람마다 마음 다해 도왔습니다. 기대 이상의 성과를 냈고 진정성을 인정받아 최상의 결과를 내었습니다. 행복했고 신이 났습니다. 하는 일마다 성장하는 길에 서 있게 되고 뜻하지 않는 기적을 만들어 내니, 그냥 우연히 한다는 것이 일상이었습니다. 당신도 우연히 살아왔을까요, 아니면 사전에 철저하게 잘하기 위해 준비를 하고 살아왔나요?

'그냥 우연히 어쩌다가'가 아닌 '사전에 얼마나 철저하게 제대로 된 준비'를 하는 인생이 되어야 한다는 것을 절실하게 깨닫게 되었습니다. 절벽에 서 있게 된 이유였습니다.

03

길고긴 터널 같은 건
없을 줄 알았습니다

행복한 일상이 계속될 줄 알았습니다. 인턴 레지던트 수련을 마친 남편의 개원도 성공적이었습니다. 저는 하루에 삼백 명 이상 진료하는 병원에서 남편을 돕느라 정신이 없었습니다. 병원이 안정적으로 운영되자 미안했던 남편은 좋아하는 일을 할 수 있도록 돕고자 했습니다. 경영이 어려운 시문학 전문 출판사를 돕고 있었기에 출판사 발행인이 되는 것은 자연스러운 일이었습니다. 조금의 출판 경험도 없이 발행인이 되겠다는 것은 무모한 결정이었습니다. 마흔이 돼서야 알게 되었습니다.

27살, 예상치 않은 행운이 찾아왔습니다. 큰 보험회사 회장님의 가르침을 받게 되었습니다. 그 당시 제가 만든 호텔 객실 프런트 직원의 새로운 유니폼을 보시고, 만든 사람을 찾으셨습니다. 꿈에 그리던 금융계의 유니폼 납품은 그렇게 시작되었습니다. 매출이 크게 성장할 수 있는 절호의 기회가 온 것입니다. 운이 좋았던 저는 3년 동안 가르침을 받은 후 새롭게 시작하는 그룹 전사 직원 유니폼을 맡게 되었습니다. 회장님께 17년간 배우며 일하고 일하며 배웠습니다. 작은 기업가로 성장할 수 있는 영광의 시간이었습니다.

운영하던 회사도 안정되었습니다. 결혼 전, 시댁 어른께 약속했던 병원과 집 그리고 자동차까지 마련하였습니다. 남편이 한의대에 편입하게 되는 축복까지 누렸습니다. 가정의학과 전문의인 남편은 한의사가 되어 양한방 의원을 운영하게 되었습니다. 가고 싶었던 미국 유학은 두 아이가 대신했습니다. 모든 것이 풍요롭고 평온했습니다. 작은 도움이지만 주위에서 어렵다고 하면 편하게 도왔습니다. 어린 나이였지만, 하고 싶은 것은 무엇이든 할 수 있는 경제적 자유를 누렸습니다.

장충동에서 태어났기 때문에 늘 농촌이 그리웠습니다. 초등학교 3학년 여름방학 때 놀러갔던 충주 이모님 댁의 풍경을 50년이 지난 지금도 잊지 못하고 있습니다. 마장동에서 시외버스만 태워주면 주소를 들고 혼자 찾아갈 수 있다고 걱정하시는 엄마께 떼를 썼습니다. 정말 아름다웠습니다. 고즈넉한 여름 초저녁 들판에 모락모락 올라가는 굴뚝의 연기는 어린아이만의 잊을 수 없는 시골 풍경이 되었습니다. 밭농사를 지어보고 싶었습니다. 여러 가지 나무도 많이 심고 싶었습니다. 오랫동안 충청북도 중원군 용교리 용대 족족골 같은 곳을 찾아다녔습니다.

서울 근교를 샅샅이 찾아봤지만, 어린아이의 시골 풍경은 어디에도 없었습니다. 비가 부슬부슬 오는 날, 충북 제천의 금수산 자락에서 드디어 만났습니다. 맑은 계곡이 흐르는 산 꼭대기에 원주민이 직접 지은 작은 나무집이었습니다. 오랜 시간 나무를 땔 연기가 배어 있는 집이었습니다. 바로 찾던 곳이라는 반가움에 집주인이 갖고 있는 오천 평 되는 큰 땅까지 함께 샀습니다. 그리고 매주 주말에는 천등산 박달재를 밤새 넘어가곤 했습니다. 농약을 사용하지 않고 손으로 풀을 뽑으며 밭농사를 지었습니다. 꼬부라진 오이, 너무나 긴 가지, 각각이 다른 모양의 마늘까지 목단꽃 피는 산기슭 밭은 참으로 행복했습니다. 티베트의 하늘처럼 밤에는 별이 쏟아졌습니다.

큰 산을 넘어가기 위해 긴 터널을 수없이 지나가면서도 삶에도 그런 긴 터널이 있다는 생각은 하지 못했습니다. 모든 이치를 자연에서 알 수 있는 것인데도 까막눈은 보지 못했습니다. 매주 터널을 지나 대가리 초등학교 골목 막다른 집으로 가면서도 그것을 알아차리지 못했습니다. 삶에도 끝이 없는 긴 터널이 있다는 것을 꿈에도 생각하지 못했습니다.

04

아픔은 파도처럼
계속 밀려왔습니다

앞에서 말했지만, 시 한 편을 사랑한 것이 계기가 되었습니다. 경영이 어렵다 해서 도와준 시 전문 출판사를 1999년에 아예 인수하게 되었습니다. 돕고 있는 시문학 출판사가 문을 닫으면 우리나라 시 문화가 끝나는 줄 알고 덜컥 발행인이 된 것입니다. 출판은 말할 수 없는 큰 기쁨을 주었지만, 출판사는 세상 물정 모르는 저에게 '어려움'이란 것이 무엇인지 가르쳐 주었습니다. 책을 펴내면 펴낼수록 곶감 빼 먹듯이 통장에 잔액이 줄었습니다. 책을 출간할수록 어려워졌습니다. 목돈을 들이고 푼돈으로 받는 구조였기 때문입니다.

남편의 적극적인 권유로 발행인이 되었습니다. 시작하면 꼭 잘해야 하는 성격 때문에 물불을 가리지 않고 운영하였습니다. 출판 쪽에서 일했던 사람이 아니어선지 새로운 시각으로 출간하는 책마다 베스트 순위에 올랐습니다. 중학교 교과서에 나온 '국물 이야기'도 대단한 기쁨이었습니다. '정리형 인간' '어머니 당신이 희망입니다' '소주 한잔합시다' 등 많은 베스트가 나왔지만, 잠시일 뿐 베스트 순위에서 곧 사라지곤 했습니다. 그러다 2013년 적극적인 홍보 마케팅으로 전체 베스트셀러가 나왔습니다. 전체 베스트 2위, 전 서점에 진열되고 전국이 떠들썩했습니다. 6개월 동안 12만 부 판매 실적을 올렸습니다.

출판 14년 차였습니다. 고생 끝에 빛을 본다고 마냥 행복했던 그 날, 작가로부터 '내용증명'이라는 우편물을 받게 되었습니다. 가슴이 뛰었습니다. 350여 권의 책을 출간하면서 작가와 한 번도 어긋난 일이 없었습니다. '작가가 내용증명이라니, 잘못되었구나!' 하는 생각에 원하는 대로 6개월 만에 출판계약을 해지해주었습니다. 그것으로 끝난다고 생각했기 때문이었습니다. 아무 조건 없이 원하는 대로 해줬습니다. 바로 민사와 형사 소송장이 각각 2건씩 날아왔습니다.

영문도 모르고 시작된 일로 6년 동안 민사 5건, 형사 3건을 겪게 되었습니다. 고생 끝에 결국 '무혐의', '무죄'로 바로잡았지만, 이미 출판사는 휴업 상태고 집과 병원을 모두 팔아 정리하고도 빚더미에 앉아야 했습니다. 억울한 일을 당하지 않기 위해 자료에 집중하여 바로잡았습니다. 모든 것을 전부 잃었어도 '잘못한 것이 없다'는 판결 하나로 속이 시원했습니다. 생애 첫 번째 파도, 6년간의 인간재해였습니다.

아내가 잘못될까 봐 옆에서 지켜보면서 말은 못하고 노심초사했나 봅니다. 누명을 벗고 송사가 끝나자 감기 한 번 걸리지 않았던 남편이 위암 2기 진단을 받았습니다. 남편은 치매 명의 치매명의로 40년간 110만 진료를 임상한 가정의학과 전문의이며 한의사입니다. 전문의로 한의사가 된 대한민국 1호입니다. 청천벽력 같은 일이었습니다. 수술한 지 5년이 되어 가는 지금은 건강해졌지만, 생각만 해도 아찔한 순간이었습니다. 항암 치료를 하지 않고 건강을 찾은 일은 기적이었습니다. 두 번째 파도, 건강재해입니다.

인간재해도 건강재해도 지켜내고 넘어섰습니다. 어려운

고비를 이겨냈으니 생업에 집중하며 주어진 숙제를 해결해야 한다고 결심하고 다시 시작했습니다. 할 수 있었습니다. 그러나 어마어마한 더 큰 파도가 기다리고 있었습니다. COVID-19가 시작되었습니다. 전 세계가 예측할 수 없는 비상사태로 비대면 시대라 아무도 병원에 오지 않았습니다. 게다가 6개월 프로그램으로 치료 중이던 많은 환자의 진료가 중단되었습니다. 환불 요청이 한꺼번에 쇄도했습니다. 방법이 없었습니다. 몰아서 닥친 일로 도무지 어떻게 해야 할지 몰랐습니다. 너무 무서웠습니다. 이내 가족에게 함께 죽자고 했습니다. 누구도 동의하지 않았습니다. 울면서 잠들었고 울면서 잠을 깨는 날이 계속되었습니다. 세 번째 파도, 자연재해가 시작되었습니다.

위기는 파도처럼 끊임없이 밀려왔습니다.

05

벼랑 끝에서
우주의 조언을 들었습니다

이러지도 저러지도 못한 상황에 답을 찾을 수 없어, 너무나 안타까웠던 경험이 있나요? 아무리 궁리해도 해결할 방법이 없어 울면서 잠자리에 들고 울면서 깨어 본 경험이 있나요? 심장이 녹아 없어지는 것 같았지만, 그 어떤 방법도 없었습니다. 그런 시간이었습니다. 그런데, 그 지독한 고통 속에서도 기적을 만난 이야기를 하려 합니다.

인간재해는 턱없이 길었지만, 정당함으로 바로잡을 수 있었습니다. 건강재해 또한 절대로 지키고 말겠다는 투철한 정신으로 이겨냈습니다. 그러나 자연재해는 불가항력이었습니다. 세계전쟁이 일어났을 때가 그랬을까요? 코로나가 발병되었다는 중국 우한의 TV 중계는 가히 충격적이었습니다. 압구정에도 다니는 차가 없을 정도로 순식간에 폐허의 도시가 되었습니다. 대구시의 확진 상황을 종일 생방송하자 전국이 마비되었습니다. 더 이상 병원에 환자가 오지 않았습니다. 예약제로 진행하던 6개월 프로그램 치매 치료까지도 중단되었습니다. 치료받던 모든 환자의 중단 통보와 환불 요청이 한꺼번에 쇄도했습니다. 문을 닫아야 할 지경이었습니다. 사람이 변하고 문화가 변하고 순식간에 사회가 변했습니다. 메르스 때와는 비교도 되지 않는 치열한 온 지구의 대전쟁, 자연재해가 시작된 것입니다.

모두가 같은 처지이고 보니 누구랄 것도 없었습니다. 닥친 문제를 해결하는 것이 우선이었습니다. 배려도 양보도 이해도 없었습니다. 세상이 끝나는 것처럼 행동했습니다. 다시 보지 않을 마지막처럼요. 마음의 상처는 아무것도 아니었습니다. 죽고 싶었습니다. 해결책은 단 하나, 삶을 끝내야 한다는 생각뿐이었습니다. 그때는 그랬습니다. 다른 방법은 아무것도 없었습니다. 저 역시 마지막이었습니다. '죽겠다는 그 힘으로 잘살 생각을 해야지' 했던 평소의 생각은 사치였습니다. 앞이 보이지 않 았습니다. 몇 날 며칠을 울면서 하루하루를 보냈습니다. 그날도 새벽 6시, 일어나야 하는 시간이었습니다.

"회생해! 회생! 회생해야 해! 회생!"

오른쪽 귀에서 급하고 날카로운 여자의 목소리가 들렸습니다. 벌떡 일어나 앉았습니다. 며칠 전 선배가 찾아와 정 힘들 면 회생 신청을 생각해 보라고 권유했습니다. 무엇인지도 몰랐 지만 나와는 절대 상관없는 일이라고 여겨져 더 이상 이야기하 지 않았습니다. 모르기도 했지만 제 인생과는 상관없는 일이라 생각했기 때문입니다. 너무도 단호한 50대 초반 여자의 목소리 였습니다. 자고 있던 남편과 큰아들을 깨워 자초지종 이야기를 하고 변호사 사무실로 함께 찾아갔습니다.

"대한민국 법 중에 가장 아름다운 법입니다. 기업을 살리 기 위해 만들었고 국민을 지키기 위한 참 잘 만들어진 법입니 다."

변호사의 설명을 듣고 안심했습니다. 평생을 다해 일궈 놓은 세 회사를 국가에 맡기기로 했습니다. 책임을 질 수 있는 유일한 방법이었습니다. 다시 일어설 시간이 필요했습니다. 나라가 있다는 것이 얼마나 감사한 일인지 감사하고 감사한 마음으로 결단했습니다!

다시 시작하자! 그리고 더 크게 성장하자!' 그날부터 국가에 전부를 맡겼습니다. 그리고 바로 온라인 세상으로 이주했습니다. 코로나 사태가 장기화될 것이라는 남편의 말을 믿었습니다. 지성이면 감천이라고 잠자는 제 귀에 소리쳐 깨워준, 우주의 그분께 감사드리며 새 길로 올라섰습니다.

06

돈은 늘 들어오는 것인 줄 알았습니다

2021년 1월 13일은 제 삶에서 잊을 수 없는 날입니다. 어려서부터 성장하고 성공하는 일에만 집중하고 살았습니다. 한 부모 가정에서 자랐고 성장은 결핍에서 오는 것이기에 언제나 '성공'은 제 삶의 키워드였습니다. 하는 일마다 성공했고, 얻은 성과로 인해 언제나 '내가 하면 다 된다.'라는 신념이 있었습니다. 경험에서 얻은 긍정적인 신념이었습니다. 긴 시간 동안 애를 많이 썼습니다. 닥쳐오는 일마다 더 성장하기 위해 될 때까지 열심히 했습니다. 하지만 그날은 생애 처음으로 '더는 할 수 없다.'라고 스스로 결정한 날이었습니다. 또한 할 수 없다고 결정한 날이었지만, 생애 최고 막막한 순간에 더 큰 용기로 꿈을 세워 다시 큰 꿈을 꾸기 시작한 날이기도 합니다.

코로나로 얼어붙은 도시와는 상관없이 찬란한 태양이 내리쬐는 겨울 한낮이었습니다. 모든 것을 내려놓고 거리로 나서며 앞을 볼 수 없는 자신에게 조용히 말했습니다.

"이제부터 슈퍼 어게인, 다시 시작할 수 있는 시간을 빌렸으니까! 다시!"

어려서부터 하고 싶은 일은 집중하여 꼭 해냈습니다. 성취에 대한 습관이 붙어서 어떤 일을 하든 반드시 목적을 이루고야 말았습니다. 게다가 운이 좋아 하는 일마다 잘 되었습니다. 무엇이든지 할 수 있다는 신념이 있었습니다. '나는 하는 일마다 잘 돼, 내가 하는 일은 모두 잘 돼!' 이런 신념은 새롭게 시작하는 일에 잘 해낼 수 있는 원동력이 되었습니다. 크게 고통받는 일 없이 노력만 하면 성공의 연속이었습니다. 40대까지는 그랬습니다.

스물세 살, 어릴 때부터 경제적 자유를 누렸습니다. 누구의 도움도 없이 시작했기 때문에 고생은 조금 했지만, 하는 일마다 모두 잘 되었습니다. 양가 부모님 도움 없이 거래하는 은행의 대출 자금으로 결혼도 하고 집도 사고 사업도 할 수 있었습니다. 운이 좋았습니다. 자비 장학금으로 대학도 무사히 졸업할 수 있었습니다. 동네에서 가장 학생 수가 많은 피아노 교실 원장이었기 때문입니다. 학부모의 제안으로 남성복을 하게 되어 당시 시청률 최고 드라마의 주인공 옷도 디자인하였습니다. 성공한 남성복 판매장은 자체 공장을 가져야 할 정도로 주문이 밀려들어 겁도 없이 청계천 제품공장을 매입했고, 25세에 공장 사장이 되었습니다. 새로 시작한 공장에 안정된 생산물량이 필요했습니다.

생각하면 꿈을 이룬다고, 시장 가는 길에 보이는 큰 호텔을 바라보며 그곳의 직원들 유니폼을 만들면 좋겠다고 매일 생각했습니다. 기적이 일어났습니다. 바로 그곳, 대한민국 최고의 호텔 직원 유니폼 납품 업체가 되었습니다. 서울 88올림픽이 열리게 되자 오성급 호텔 세 곳의 그랜드 오픈에 맞춰, 전 직원 유니폼 제작도 맡게 되는 행운을 누렸습니다. 자타가 인정하는 최고의 유니폼 회사 대표가 되었습니다. 직원 수가 가장 많은 보험회사의 유니폼을 17년간 만들었습니다. 직원 수가 가장 많은 은행의 유니폼도, 전국의 식품 프랜차이즈 유니폼까지 모두 거래처가 되었습니다.

돈은 열심히만 하면 항상 들어오는 것인 줄 알았습니다. 노력하고 일하면 돈은 저절로 들어오는 것인 줄 알았습니다. 하고 싶은 일도 열심히만 하면 다 되는 줄 알았습니다. 노력하면 모두 저절로 되는 줄 알았습니다. 그때는 그랬습니다. '그냥' 해도 '열심히'만 하면 돈이 되었습니다. 그래서 10년 후, 20년 후에도 그런 줄 알았습니다. 그것이 문제였습니다.

07

위기 속에 숨어 있는
기회를 만났습니다

어려워지자 가장 가깝고 크게 나눴던 사람에게 더 깊은 상처를 받았습니다. 경제적인 어려움보다 관계에 대한 아픔이 더 컸습니다. 자연재해는 환경에 대한 우리 모두의 자각이 있어야 하는 때라서 그런지 사회가 상상하기 힘들 정도로 변했습니다. 사회가 변하자 사람이 달라지고, 사람이 달라지니 관계가 변했습니다. 30년 동안 열어놨던 병원 문에 잠금장치를 해야 했습니다. 그때, 전쟁으로 온갖 고초를 겪었을 부모님이 생각났습니다. 이북의 생활 터전과 가족을 두고 생판 모르는 이남으로 살려고 내려왔듯이, 저 또한 살기 위해 떠밀려 온라인 세상으로

뚝 떨어졌습니다. 비대면 시대, 언택트·온택트 시대가 시작된 것입니다. 길 없는 길을 떠나게 되었습니다.

다시 시작하기로 결단했습니다. 가족들에게 밥을 해 줘야 하는 책임도 잊어버린 채, 닥치는 대로 배우고 먹어버렸습니다. 위기 속에 기회가 있다고 믿었습니다. 발상을 전환하고 무조건 외우고 삼켰습니다. 온라인 세상은 화려했습니다. 무료강의도 많았고 배울 것이 차고 넘쳤습니다. 그 당시 저는 컴퓨터 자판으로 겨우 편지 정도 쓸 수 있는 왕초보였습니다.

오픈채팅방에 참여하여 닥치는 대로 배웠습니다. 대부분 저보다 젊은 사람들이었습니다. 마치 예비고사 시험을 마치고 친구들과 처음 나간 화려한 명동의 밤거리와 같았습니다. 설레기도 했지만 두려움이 컸습니다. 천 명 이상 모인 방의 활발한 방장 활동이 마냥 부러웠습니다. 자기 경험을 다른 사람에게 나누며 멋지게 돈을 벌고 있었습니다. 바로 이것이 위기 속에 만난 기회였습니다. 새로운 세상에 대하여 무조건 배우고 또 배웠습니다. 6개월 동안 온라인 세상의 모든 것을 가리지 않고 배웠습니다. 다른 세상에서 반드시 살아남아야 했습니다.

매일 줌 강의를 들으며 영역을 넓혀 갔습니다. 양쪽 눈의 시력이 많이 차이 나기 때문에 왼쪽 눈은 왼손으로 가리고 컴퓨터를 정복해야 했습니다. '이거다! 이거! 바로 이거다!' 다시 일어설 수 있는, 온라인 세상의 가능성이 보였습니다. 자신이 경험한 것을 남에게 가르쳐 주고 대가를 받는 일이었습니다. 블로그 잘하는 법, 유튜브 시작하는 법, 설명글 잘 쓰는 법, 수강신청서 작성하는 법 등등 셀 수 없이 많은 다양한 방법을 가르치고 배우는 멋진 세상이었습니다. 지식산업, 무자본 창업을 할 수 있다는 것이 제 가슴을 설레게 하였습니다.

한 푼도 없는 상황에서 다시 일어설 길은 온라인 세상뿐이었습니다. 코로나 때문이 '코로나 덕분'으로 바꾸는 계기가 되었습니다. 운 좋게 뚝 떨어진 곳이 무한한 가능성을 가진 '무자본 창업' 온라인 세상이었습니다. 게다가 '우선 시작하고 나중에 완벽해져라!'라고 말한 『결단』의 '롭 무어' 작가를 만났습니다. 지금까지 모든 일을 롭 무어의 조언대로 실행하고 있습니다. 위기 속에 기회가 숨어 있었습니다.

성공은 누구를 만나느냐에 달려 있다고 하지요? 먼저 경험한 것을 많은 사람에게 가르쳐 주는 훌륭한 멘토를 만나게 되었습니다. 처음 듣는 수업도 많았습니다. 강의를 듣자 자존감이 형편없이 바닥을 치고 있는 자신을 발견하게 되었습니다. 위기는 파도처럼 계속 오는 것인지도 알게 되었습니다. 위기 속에 기회가 있다는 것 또한 깨닫게 되었습니다. 나 혼자만 형편없이 힘든 것 같았지만, 알고 보면 누구나 각자의 힘든 아픔이 있다는 것도 알게 되었습니다. 자신만의 강점이 있다는 것도 배웠습니다. 무엇이 잘못된 것인지 모두 이해되었습니다. 반성하고 스스로 용기를 내었습니다. 자신을 이해하고 사랑하게 되었습니다.

'책임' '전략' '성취' '집중' '미래지향'이 제 강점입니다. 더 망설이지 않았습니다. 지금까지 살아온 제 모습이 객관적으로 보이기 시작했습니다. 제 의지대로 책임지고 전략을 짜고 성취하기 위해 고도의 집중을 하여 미래지향의 그 고지로 다시 떠나야 했습니다. 이번에는 '그냥'이 아닌 '제대로' 준비를 하고 단단히 한 새 길로 들어섰습니다. 때마침 유튜브를 주제로 하는 방에서 강연 요청이 왔습니다. 오픈채팅방에서 첫 강연을 하게 되었습니다. 강연이라기에는 조금 쑥스럽지만 뭔가 꽉 차오르는 벅찬 기쁨과 중요한 것이 시작되었다는 예감으로 무척 행복했습니다.

오래전부터 열어놨던 오픈채팅방을 다시 시작했습니다. 용기가 나지 않아 끙끙거리고 있던 차에 오픈채팅방을 활발하게 운영하는 멘토를 찾아갔습니다. 바로 평생회원으로 가입하고 그날로 만나달라고 요청했습니다. 그러자 바로 만날 수 없고 한 달은 기다려야 한다는 것이었습니다.

"저는 살날이 얼마 남지 않았어요! 저는 하루를 일 년처럼 사는 사람입니다."

제 이 말에 그날로 만남은 이루어졌고 일주일 만에 강의할 기회를 주었습니다. 비 오는 날, 수원에서 오프라인 강의와 줌 강의로 첫 무대에 서게 되었습니다. 새 길로 들어선 추월차선은 그렇게 시작되었습니다.

PPT가 준비되지 않았다고 하니 멘토는 20년 동안 350여 종 출간한 책이 PPT인데 무슨 걱정이냐고 잘라 말했습니다. 그 말씀이 고마워 밤새 한 번도 해보지 않은 PPT를 내 식대로 만들었습니다. 'CANVA'와 '미리캔버스'라는 멋진 프로그램이었습니다. '먼저 시작하고 나중에 완벽해져라!' 롭 무어의 가르침대로 강사로서 종을 울렸습니다. 감동의 후기가 올라오고 공감해주는 따뜻한 말에 큰 위로가 되었습니다. 용기가 솟았습니다. 부랴부랴 준비해 놓은 오픈채팅방 이름을 '백디와 백친의 100세 인생'으로 바꿨습니다. '100세 친구'라 이름 지어 '백친'이라고 호칭을 정했습니다. 줄지어 들어오는 백친들을 반갑게 맞았습니다. 종이 울렸습니다. 꿈이 이루어지기 시작했습니다.

08

아픔은 성장하라는 신호입니다

죽을 만큼 아파 본 경험이 있나요? 병원에서 일하는데 왜 아프냐고요? 매일 병원으로 출근하는 저도 아픕니다. 2주간 죽 도록 아팠습니다. 몸 전체 기능이 빠져나갔다 다시 하나씩 채워 지는 데 꼬박 15일이 걸렸습니다. 코로나였든 오미크론이었든 그것이 중요한 요즈음, 참으로 힘든 시간이었습니다. 세상에 거 저는 없습니다. 덕분으로 새로운 처방 약이 개발되었습니다.

23세 어린 나이에 결혼했습니다. 시댁이 종갓집이라 제사 가 가장 중요한 행사였습니다. 남편이 외아들이기 때문에 제사 는 당연히 제 몫이었습니다. 회사에 아무리 중요한 일이 있어도 제사는 당일 자정이 되기 전에 꼭 지내야 했습니다. 30년 넘게 제사를 차렸습니다. 충분히 했으니 이제 그만해도 된다고 생각했고 더 이상 제사를 지내지 않겠다고 선언했습니다. 불편한 의견 충돌이 있었지만, 바쁘게 살아갈 후손을 위해 총대를 메자는 결심이었습니다.

거대한 파도가 밀려와 쓸어버리고 난 다음에서야 정신이 번쩍 들었습니다. 크게 후회했습니다. 그게 무엇이라고 한 집안 대대로 조상부터 내려온 생활을 맘대로 없애버린 것인지! 선조께서 생에 전부로 여겨 온 제사에다 왜 쓸데없는 혁명을 일으킨 것인지 뼈저리게 후회하였습니다. 낳아주신 부모님은 더욱더 감사한 일이고, 자신의 존재가 선대 조상님 덕분인 것은 너무나 당연한 일인데 그것이 무슨 큰일이라고 대대로 내려오던 집안 행사를 겁 없이 없애버린 것인지 크게 후회했습니다. 부끄러워 누구에게도 말할 수 없었습니다.

사죄하는 마음으로 정성을 다해 제사를 지냈습니다. 생활 향상을 위한 조치였는데 더 나아지기는커녕 감당하기 힘든 일만 계속 겪은 터라 더 이상 생각할 것도 없었습니다. 잘못된 것은 바로 고쳐야 했습니다. 평화는 다시 찾아왔습니다. 세상에 거저는 없는 것입니다. 노력과 실력도 중요하지만, 운이 더욱더 중요하다는 것에 동의했습니다. 매번 제사를 정성껏 올리는 착한 후손이 되었습니다. 자연에 대한 겸허한 마음과 겸손한 자세가 중요한 것을 깨달았습니다. 그러자 모든 면에서 평온해지기 시작했습니다.

그날도 제사를 모시는 날이었습니다. 빡빡한 일과를 마치고 장을 보고 밤늦게까지 정성껏 음식을 만들었습니다. 2시간 이상은 잘 수 없는 상황이었습니다. 새벽 5시에는 어김없이 '부글새벽' 줌 화면을 켜야 했기 때문입니다. 또한 이어서 '딱따라 책쓰기' 수업을 진행해야 하기에 새우잠을 자고 일어나야 했습니다. 사건이 시작되었습니다. 목이 찢어질 것처럼 아파지면서 온몸이 잘게 부서지는데 상상을 초월하는 통증이 시작되었습니다. 종일 끙끙 앓고 누워버렸습니다.

글을 읽는 것은 물론 아무것도 생각할 수 없었습니다. 숨도 쉬기 어려웠고 침도 삼킬 수 없었습니다. '아! 이러다 죽는 거구나!' 겪어 보지 않은 공포로 무서웠습니다. 통증보다도 무기

력해진 것에 대한 두려움이 엄습했습니다. 암 수술한 지 5년이 되는 중요한 시점인데 아무것도 할 수 없었습니다. 남편의 위암 절제 수술 후 매년 검진을 해왔고 5년이 되는 마지막 종합검진 날이었습니다. 수면 위내시경에 대장 검사까지 우리를 기다리고 있었습니다. 약물을 마시며 밤새 화장실을 가야 하는 상황은 정말 괴로웠습니다. 혼자서는 절대 하지 않겠다고 고집 부리는 남편을 위하여 무조건 강행군해야 했습니다.

'죽는다는 것이 이런 것이구나!' 꼼짝 못하고 누워 아무것도 할 수 없었습니다. 제사장을 무리하게 본 탓으로 남편은 탈진하고 저는 아예 목이 잠겨버렸습니다. 며칠간 외출하지 않고 누워 보냈습니다. 양약과 한약을 컨디션 변화에 맞춰 정성껏 복용했습니다. 하루라도 빨리 나아야겠다는 일념으로 부족했던 잠을 자면서 오로지 회복에만 집중했습니다. 건강과 전쟁을 치르는 그때, 비보가 날아들었습니다.

스승님께서 돌아가셨다는 연락이 온 것입니다. 회생 신청 이후, 1년 동안 하루도 빠짐없이 새벽 6시가 되면 희망의 응원이 담긴 카드 뉴스를 보내주신 분입니다. 코로나로 떠나셨다는 어이없는 부고였습니다. 인정할 수 없었습니다. 며칠 전만 해도 펄펄하게 날아다닌 분이셨기에 믿어지지 않았습니다. 마음을 어떻게 추스를지 몰라 엉엉 소리 내어 밤새 울었습니다. 한잠도 잘 수 없었습니다. 핸드폰에 담긴 스승님의 마지막 메시지를 보며 한없이 울었습니다. '이렇게도 헤어질 수 있는 거구나!'

세상에 단 한 사람! 자신을 알아주고 사랑해 주고 믿어주고 응원해주는 단 한 사람을 잃어버린 적이 있나요? 진심으로 알아주고 온 마음 다해 응원해주신 스승님이 계신가요? 가장 힘들었던 일 년 내내, 어떤 상황에서도 제 질문에 답을 주셨던 스승이십니다. 스승님께서 주신 주옥같은 메시지를 여러분께 나눕니다.

"아침에 눈을 뜨면 세 번 말하세요! 꼭 말하세요! 그리고 잊지 마세요!"

나는 보석이다.
나는 보석이다.
나는 보석이다.

09

대운이 온 것을 알아차린 것은 기적이었습니다

온라인 세상에서 새로 시작할 일에 집중했습니다. 그러나 '무엇을 해야 하나?' 하고 궁리해서 만들어 놓으면, 기쁨이 사라지기도 전에 '남편의 것'이었습니다. '이거다!' 하고 만들어 놓으면 또 '남편의 영역'이었습니다. 제가 하고자 하는 일은 이래도 저래도 남편의 일이었습니다. 실망했지만 마음에 들 때까지 궁리해서 만들고 또 만들었습니다. 하지만 고심해서 만든 콘텐츠도 역시 모두 남편과 함께해 온 일이었습니다. 처음에는 깜짝 놀랐다가 거듭할수록 우울해지고 급기야는 화가 났습니다. '아! 도대체 나는 육십 년 동안 무엇을 하고 살았단 말인가?' 제 것이 하나도 없었습니다. 온통 남편의 인생 안에 제가 있었습니다. 벗어나려 해도 벗어날 수 없었습니다.

걸어온 흔적은 소중했습니다. 그래서 에번 카마이클의『한 단어의 힘』을 읽고 다시 생각하기 시작했습니다. 나 자신을, 내가 하는 일을, 나의 모든 것을 요약할 수 있는 한 단어를 찾아야 했습니다. 찾고 지우고 반복한 끝에 가슴 깊은 곳에서 '가족사랑' '아낌없이' 두 단어가 떠올랐습니다. 진료를 도운 40년의 세월도, 출판사에서 많은 이야기를 담아낸 20년의 세월도 제게는 '가족사랑'이었습니다. 마침내 공동의 한 단어를 찾았습니다!

유튜브가 제게 주는 영향력은 어마어마한 우주의 메시지입니다. 매일은 아니지만, 눈 뜨자마자 잠자리에서 핸드폰을 여는 습관이 있습니다. 그날도 그런 날이었습니다. 유튜브에서는 AI가 훌륭한 데이터로 저를 위한 영상을 올려줍니다. 제가 시청하고 검색했던 자료를 토대로 놀랍게도 그날에 꼭 필요한 내용의 영상을 올려주곤 합니다. 이런저런 흥미로운 영상 중에서 마음에 확 들어오는 영상을 만났습니다. '대운의 징조'를 알아보는 방법에 대한 것이었습니다. 어쩜 그리 제 상황하고 딱 맞는

지! 그때부터 가슴이 터질 듯이 벅차올랐습니다. 대운이 틀림없었습니다.

대운이 오는 징조라네요. 해당하는 것이 있는지 가만히 생각해 보시기 바랍니다.

자의든 타의든 환경이 완전히 바뀝니다. 인연이 다 깨집니다. 주변이 산산조각이 나고 완전히 다르게 세팅됩니다. 사소한 것에도 깊은 깨달음을 얻습니다. 새로운 시야를 갖게 됩니다. 안 해본 것들, 낯선 것들을 시도해 봅니다. 좋은 습관을 들이려고 노력하고 나쁜 습관을 버리려고 합니다. 성격과 말투가 바뀝니다. 마음의 여유가 생기고 잔걱정이 사라집니다. 마음이 든든해집니다. 얼굴빛이 좋아지고 표정이 좋아집니다. 자신감이 생기고 사고가 긍정적으로 바뀝니다. 마음이 기쁘고 즐거워집니다.

마치 제 모습을 정리해 놓은 것 같았습니다. 제 환경을 정확하게 설명해주었습니다. 대운이 온 것이 틀림없었습니다! 뛸 듯이 기뻤고 온전히 받아들였습니다! 크게 외쳤습니다!

"대운이 시작되었다! 때가 왔다! 나는 이제 되었다!"

위기에서 기회가 온 것을 확실하게 알아차렸습니다. 감사한 마음에 더욱더 실행을 강행하였습니다. 한 가지라도 해당한다면, 크게 기뻐하세요! 그리고 나머지도 모두 실행해 버리세요! 대운입니다.

10

지나가 보면 모두 알 수 있는
흔적입니다

복구하고 재건하려는 마음이 얼마나 간절하고 간절했을까요! 죽을 각오를 되돌려, 살 각오로 결단하고 헤쳐 나가니 우주의 도움으로 꿈꾸는 대로 이루며 살아가게 되었습니다. 작은 것부터 큰 것까지 오는 대로 맡기며 믿고 실행합니다. 그러면 되는 것입니다. 심지어는 생각하면 바로 나타나 실행되기도 합니다. 놀라운 일이지요. 정말 믿기 어렵지만 사실입니다. 그러니 순간의 생각조차 정말 잘해야 하는 거지요. 자칫 잘못 생각하다가는 끔찍한 일로 빠져듭니다.

걱정되는 나쁜 생각은 절대 금물입니다. 늘 선택하는 순간이 전부이고 그 자체가 중요합니다. 정신 똑바로 차리고 늘 깨어 있어야 합니다. 농담으로라도 헛소리는 하지 말아야 합니다. 그냥 해버리는 말은 아주 위험합니다. 절대 하지 말아야 합니다. 화가 나서 하는 말은 특히 조심해야 합니다. 말이 곧 실행되는 경험을 했기 때문에 꿈에서라도 올바른 생각을 해야 한다는 마음이 저절로 세워졌습니다. 경험이 가르쳐 준 교훈입니다.

간절히 바라는 마음을 내었더라도 생각대로 되지 않는 일이 있습니다. 그때 바로 알아차려야 합니다. 꼭 되었으면 좋겠다는 생각이 너무 강해 집착했던 것입니다. 간절히 바라는 것이 된다고 믿지 않고 걱정한 것은 아닌지 점검해보시기 바랍니다. 생각대로 되지 않아 걱정되거나 실망스러울 때, 꼭 잊지 말아야 하는 것은 '나에게 일어나는 모든 일은 나에게 좋은 일이다!'입니다. 바로 자신에게 답을 주어야 합니다. 그 어떤 실망도 후회도 하지 말고 '더 좋은 일이 생기려고 그래!'가 답입니다.

이런 경우에 예로 드는 이야기가 있습니다. 배가 고파서 칼국수를 먹었는데 때마침 친구가 갈비구이를 사주겠다며 연락해 왔습니다. 좋아하는 음식이지만 방금 칼국수를 먹었기에 더 먹을 수 없죠. 꿈이 이루어지는 적절한 좋은 때가 있습니다. 긴 시간 혼자 공부하면서 경험한 것입니다. 지나가 보면 알게 될 일입니다.

내게 좋은 일이면 원하는 대로 되고, 내 것이 아니면 되지 않습니다. 간절히 원하는 것이라 하더라도 그것이 도움이 되지 않을 일이기에 이루어지지 않는 것입니다. 그대로 받아들이면 되는 것입니다. 마음 편하게 지내다 보면 자연스럽게 알게 됩니다. 두 가지 길을 동시에 가볼 수 있다면 정확히 알겠지만, 안타깝게도 우리는 동시에 두 길을 가볼 수 없습니다. 그것이 우주의 원리입니다. 그러니 그저 감사하면 되는 것입니다. 지나고 보면 그 일이 얼마나 감사한 결과를 가져오는지 알게 됩니다. '그때 안 되길 천만다행이야!' '그때 그 일이 되었으면 어떻게 할 뻔했어!' 우리는 이런 말을 하고 삽니다.

치매 명의인 남편이 위암 2기로 위의 삼 분의 이를 절제했습니다. 덕분으로 매일 자신의 건강을 위해 운동하고 좋은 음식을 골라 먹는 절제된 생활 습관을 실행하고 있습니다. 위를 잘라내고 나서야 생활 습관으로 바꾼 것입니다. 얼마나 다행인지 모릅니다. 감기도 한 번 걸리지 않는 자신의 건강을 믿어 함부로 먹고 아무렇게나 생활했습니다. 의사 생활 40년 동안 몰래 담배를 피우는 부끄러운 일을 했습니다. 이렇게 잘못된 삶을 조정해주기도 합니다. 가만히 지켜보세요. 우리에게 일어나는 모든 일은 우리를 위함입니다.

11

살아 있는 축복에 감사합니다

겨울이 채 가기도 전, 봄을 알리는 하얀 목련이 피고 있습니다. 멀리 보이는 겨울 산에 노란 꽃이 먼저 피어 참 아름답습니다. 살아 있는 것만으로도 축복입니다. 가슴이 벅차오릅니다. 죽고 싶었던 순간을 잘 견디고 일어설 용기를 낸 것이 얼마나 감사한지 모릅니다. 포기하지 않고 힘든 마음을 살아갈 각오로 바꾼 자신에게 감사하고 있습니다.

"혹시 지금 고통이 목에 찰 만큼 힘드십니까?"

그렇다면, 곧 성공이 바로 앞에 와 있다는 신호입니다. 제 경험상 그렇습니다. 목련꽃이, 벚꽃이, 산수화가 봄의 시작을 알리는 신호이듯 말입니다. 참을 수 없을 만큼 힘들고 괴롭다면 더 용기를 내보시기를 바랍니다. 계절의 흐름을 가만히 느껴 보세요. 겨울 끝자락에 봄기운을 만난 적이 있지요? 언제인지 알 수는 없지만, 여름 안에 가을이 들어오는 것을 알아차리는 때가 있습니다.

"살아있기만 하면 돼!"

"굶어도 저승보다 이승이 나은 거야!"

"어떻게 하든 버텨봐! 그럼 되는 거야!"

"고생 끝에 낙은 있어!"

"죽을 생각 대신 살 궁리를 해봐!"

어른들은 이런 말씀을 하십니다. 저는 일제강점기와 6·25 전쟁을 겪은 세대이니 어른이면 그러려니 하는 말인 줄 알았습니다. 피가 끓고 가슴이 끊어질 듯한 어려움을 겪어 보니 전부 공감이 가는 명언이었습니다. 삶은 그런 것이었습니다.

우울하고 절망적인 마음이 들어올 때 읽어 보는 것이 있습니다. 제목은 '내가 가장 행복한 이유 100가지'입니다. 1번부터 100번까지 적은 리스트입니다. 노트북 바탕화면에 있습니다. 우울하고 마음이 처질 때 펼쳐봅니다. 막상 1번부터 읽어 내려가면 100번까지 읽을 것도 없습니다. 세 줄도 안 가서 마음이 환해지기 때문입니다.

살아 있는 축복에 감사합니다. 용기로 이겨낸 자신을 칭찬합니다. 온통 감사함으로 가득합니다. 우주에 대한 감사한 마음, 무한대입니다.

part 2

결단

진정으로 결단하면 원하는 꿈을 이룹니다.

Super Again

지금, 이 순간 어떤 생각을
하는지가 중요합니다

자의든 타의든 모두 잃고 나니 정신이 번쩍 들었습니다. 막연하게 노숙자의 운명은 따로 있는 거라고 알고 있었습니다. 한순간도 노숙자의 삶에 대하여 깊이 생각해 본 일이 없었습니다. 그저 그것은 상관없는 일이었습니다. 하루 일을 마치고 나면 당연히 집으로 돌아가는 것이고 그 집도 당연히 있다고 믿으며 살았습니다. 저녁 식사는 당연한 일이고 밤이 오면 잘 수 있는 것도 당연하게 여겼습니다.

삼재 파도가 닥치고 힘든 상황이 되고서야 일상에서 무심코 해 왔던 크고 작은 일의 가치를 하나하나 되짚어 보게 되었습니다. 돌아갈 집이 있다는 것이 얼마나 행복한 일인가에 대하여 새삼 감사함이 넘쳤습니다. 밤새워 일하지 않고 누워 잘 수 있다는 것에 대하여 온몸이 전율하는 감사함을 통감했습니다. 가족이 한 집에 모여 지낼 수 있는 것에 대한 무한한 감사의 눈물도 흘렸습니다. 별생각 없이 누렸던 일상들이 모두 일어나 자신들의 가치에 대하여 일일이 말을 걸어왔습니다. '범사에 감사하라.' 절절한 절규였습니다.

온라인 세상으로 이주하면서 결단했습니다. 시작할 수 있다는 것만으로도 얼마나 감사한 일인지 알게 되었습니다. 일단 시작하자! 그리고 완벽해지자! 안에서 일어나는 외침은 눈을 뜨면서 시작하여 눈을 감을 때까지 실행을 멈추지 않았습니다. 병뚜껑 따는 일조차도 남에게 부탁하지 않았습니다. 일단, 실행하자! 뭐든지! 그리고 될 때까지 하자! 블로그를 할 줄 몰라도 무조건 시작하자! 그리고 배우면서 보완하고 또 수정하자! 그러면서 완벽해지자! 절대로 포기하지 말자! 될 때까지 하자!

"지금 시작하고, 나중에 완벽해져라!" 외우고 외쳤습니다.

사람들을 초청하고 가르칠 프로그램으로 만들었습니다. 경험이 돈이 되는 과정이었습니다. 경험으로 얻은 것을 지금, 당장 무엇이든 해야 했습니다. 될 때까지 해내야 했습니다. 결단하고 실행했습니다. 그리고 해냈습니다.

02

고통 앞에서 만난 첫 번째 알아차림은 '화'를 잊는 것이었습니다

바닥을 쳐 본 사람만이 안다고 합니다. 길고긴 터널에서 바닥을 여러 번 쳐봤습니다. '이것이 마지막 바닥일 거야! 바닥을 쳤으니 이제 일어나겠지!' 수없이 결단하고 노력했습니다. 끝을 알 수 없는 터널이었습니다. 터널 끝에서는 빛이 서서히 보이기 시작하죠? 끝이 보인다고 스스로 수없이 다독였습니다. 오뚜기처럼 넘어져도 바로 서는 것이 당연한 제 모습이었기에 인내와 도전은 태어날 때부터 들고 온 '도구'라고 자부했었습니다.

'도대체 왜? 젊었을 때는 저절로 알아서 잘 되던 것이 지금은 왜 이렇게 어려운 것일까?' 고민하고 또 고민하며 원인을 찾기 위한 시간을 가졌습니다. 늘 깨어 있기 위해 안간힘을 썼습니다. 오히려 걱정하고 두려워하며 애쓰고 몸부림칠 때, 고통의 씨앗이 뿌려진다는 것을 알게 되었습니다. 고통의 씨앗은 독해서 바로 뿌리를 내리며 순식간에 사방으로 뻗어나갔습니다. 고통은 실패와 바로 연결되어 있었습니다. 노력해도 안 되는 일, 기대해도 오지 않은 일은 고통과 바로 직결되어 있었습니다. 불안한 마음은 바로 부정의 싹을 키웠습니다. 고통과 연결된 것은 사정없이 절망으로 끌고 갔습니다.

부정으로 꽉 찬 마음은 자신감 없는 사람으로 만들어 버립니다. 이것이 깨어 있어야 하는 이유입니다. 항상 정신을 바짝 차리고 자신이 어떤 생각을 하는지 알고 있어야 합니다. 어떤 상황에서도 우리는 부정적인 관점에 자신을 뺏겨서는 안 됩니다. 불안한 마음은 부정을 가져오고 부정은 고통에 우리를 연결합니다. 자신을 믿지 못해 미운 마음마저 듭니다. 자존감은 바닥을 치고 자신이 그런 상황인지도 모르는 채 '화'를 내게 됩니다.

안타깝게도 자신이 화를 내는 것조차 자각하지 못합니다.

맘에 안 드는 상황과 현실에 대해 화를 냅니다. 모든 것이 못마땅하고 불편합니다. 남의 탓은 기본이고 자기 자신에게도 안절부절 화를 냅니다. 그러나 그런다고 원하는 대로 바뀌지 않습니다. 오히려 점차 '화'를 더 돋울 뿐입니다. 마음대로 되지 않는다고 '화'를 냅니다. 언제 시작되었을까요? 그 '화'는 어디서 온 것일까요? '화'를 내는 자신을 변화시켜야 한다고 결심했습니다. '화'가 무엇인지조차 몰라야 했습니다. 목표를 정했습니다. 내 안에서 누군가가 크게 말하고 있었습니다.

"사람들은 화를 도대체 왜 내는 거지? 화가 뭐야?"
제가 꼭 해야 할 말이었습니다.

03

옳고 그름에 관한 생각은
삶에 도움이 되지 않습니다

마이클 A 싱어는 『상처받지 않은 영혼』에서 내면에 종일 시끄럽게 떠드는 또 다른 자신이 있다고 이야기합니다. 우리는 깨어 있는 시간에 종일 '맞다' '아니다' 게임을 합니다. 저건 맞아! 아니 저건 틀려! 저 역시 내내 시끄러움이 있었습니다. '조용히 해! 제발 조용히 하란 말이야!' 마냥 떠드는 내 안의 나는 참으로 힘든 상대입니다. 명상을 시작하고 마흔 살이 되던 해였습니다. 명상하는 동안에도 그치지 않는 그 중얼거림으로 힘들었습니다. 하지만 매일 아침 앉아 차분하게 자신을 지켰습니다. 완벽하지 않더라도 멈추지 않았습니다. 어느덧 아무 소리도 들리지 않게 되었습니다.

이북에서 피난 나오실 때 친정 남동생인 아버지만 데리고 나온 고모가 계십니다. 아버지께는 부모 같은 누님이신 거죠. 그 당시 고모는 세 아이의 엄마였습니다. 남편과 함께 아이 셋을 데리고 남으로 남으로 피난 나오셨습니다. 부산까지 걸어온 가족들은 국제시장에서 메리야스 장사를 하게 되었습니다. 그곳에 엄마가 오바로크 미싱 기술자로 입사한 것입니다. 엄마가 너무 맘에 들었던 고모는 아버지와 엄마의 결혼을 강력하게 추진하셨습니다. 이북에서는 고모를 '큰엄마'라고 부릅니다. 큰엄마 이야기를 하려 합니다.

피난지 부산에서 성공하신 큰 엄마는 서울 종로구 숭인동으로 상경하셔서서 백 명이 넘는 직원을 둔 공장을 운영하셨습니다. 우리 집은 길 건너였습니다. 아침에 일어나면 뛰어가는 큰 엄마 댁이 제 놀이터였습니다. 한 번도 화내는 고모를 본 적이 없었습니다. 나이가 들수록 확연해지는 것은 '고모는 화를 내지 않은 사람이었다'는 것입니다. '어떻게 화를 내지 않을 수가 있을까?' 정말 궁금했습니다. 제 안의 시끄러움은 그치지 않는데 고모는 백 명이 넘는 직원들과 매일 일하고 밥까지 손수 해주면서도 찡그리는 모습을 본 적이 없었던 것입니다.

당뇨로 일찍 돌아가신 것이 아쉬웠습니다. 고모는 늘 웃으며 말씀하셨습니다. "괜티아나 그럴 수도 있지 뭐! 고럼! 다 고런 거야!" 모든 사람이 고모를 따랐습니다. 하루해가 지는 시간이 되면 도마와 칼을 가지고 수돗가로 나가십니다. 동네 장사들이 마지막 떨이를 하러 오는 시간이기 때문입니다. 머리에 인 사람, 손수레를 가져온 사람, 새끼줄에 이어 들고 온 사람… 계속 찾아오는 사람들이 줄을 섭니다. 웃으면서 값을 흥정하는 고모의 모습이 눈에 선합니다. 마음대로 잘 안 될 때, 닮고 싶은 고모의 얼굴을 떠올립니다.

항상, 미소로 말하는 분이 계시죠?

04

손가락 방향은
항상 안으로 하는 것이 맞습니다

"어떻게 그걸 참아요? 판결이 났으면 그동안 손해 본 것, 억울한 것, 그들이 거짓말한 것 다 받아내야죠!" 진실을 바로잡는 데 6년이 걸렸습니다. 결론이 나자 소송을 해서라도 혼내고 받아내라는 조언들이 많았습니다. 그럴 때마다 저는 이렇게 말했습니다.

"돌아가신 어머니께서 살아가는 동안 절대로 우리가 법에 고소하는 일은 없어야 한다고 말씀하셨습니다."

그리고 저에게 물었습니다.

"나만큼 속상한 사람이 있을까?"
"그 진흙탕에 또 들어가야 할까?"
절대 아니었습니다.

"그래서 나한테 무슨 도움이 될까? 너무 많이 잃었는데!"
시간도 돈도 사람도 회사도 모두 상처투성이였습니다. 아이들까지 잃어버린 것이 많았습니다. 가슴 아픈 일이었습니다. 그러나 지나간 일이었습니다.

"잃어버린 것을 그대로 찾을 수 있을까?"
더 잃을 것들만 보였습니다.

"누구의 잘못인가?"
제가 선택한 작가였습니다. 제 잘못이었습니다. 하면 안 되는 일이었습니다. 그렇게 손가락은 저를 가리키고 있었습니다.

원하지 않은 일이 일어났을 때는, 나에게 온 이 일이 나에게 무엇을 주러 온 것인지를 생각해봐야 합니다. 상대를 향해 밖으로 향한 손가락은 쉽게 펴집니다. 하지만 나를 지적하는 손가락은 편하지 않습니다. 손목을 꺾는 불편함만큼 나 자신을 돌아보는 일이 편하지 않습니다. 또한 밖으로 지적하는 손가락은 메아리가 없습니다. 반면 손가락 방향을 안으로 했을 때는 나오고 또 나오는 메시지가 있습니다. 성장하는 기회입니다.

손가락 방향은 힘들지만, 항상 안으로 해야 합니다.

과욕하지 않겠습니다.
사회에 대한 견해를 넓히겠습니다.
법을 잘 지키겠습니다.
사람에 관한 공부를 깊이 하겠습니다.
나 자신을 온전히 사랑하겠습니다.

05

세상에 고정된 것은 없습니다

성장에 가장 귀하게 쓰이는 삶의 법칙입니다. 되는 일에만 너무 집착하지 마시기를 바랍니다. 되는 일도 안 되는 일도 모두 나를 위함입니다. 어떤 일에도 원하는 결과가 있습니다. 원하는 대로 되길 바라기에 슬픔과 실망 그리고 불행이 있지요. 하지만 원하지 않은 일이 일어나는 것에는 이유가 있습니다. 반드시 알아야 할 것과 깨달아야 할 일이 있습니다. 어떤 경우에는 원하는 대로 안 돼야 더 나은 일도 있습니다. 경험하고 깨달은 대로만 말하고 있습니다.

세상에 고정된 것은 그 어느 것도 없습니다. 시간은 계속 지나가죠. 계절도 온도도 날씨도 시시각각 달라집니다. 약속했던 사람의 마음도 예외는 아니죠. 그렇다고 허무한 마음을 가지라는 뜻은 아닙니다. 그저 인정하고 집착하지 말아야 한다는 큰 뜻이 있는 겁니다. 어려움이 있으면 곧 벗어나는 때가 옵니다. 벗어나는가 하면 또 다른 어려움이 오기도 합니다. 그 어느 것도 예외는 없습니다. 무생물인 것도 마찬가지입니다. 우리 주변의 모든 것을 둘러보세요. 고정된 것이 무엇이 있는지를요. 내 마음조차 변하지 않는지요.

그러니 슬퍼할 것도 기뻐할 것도 없습니다. 평정심을 중요하게 여기는 이유입니다. 뛸 듯이 기쁜 일에도 너무 흥분하지 말자는 결심을 했습니다. 죽을 듯이 힘든 일에도 너무 슬퍼하지 말자는 결단도 했습니다. '그렇구나! 참 좋구나!' '괜찮아! 다 지나갈 거야' 이런 마음들이 더 편했습니다. 뒤돌아보면 들떠 기뻐한 다음에는 힘든 일이, 힘든 일 다음에는 좋은 일이 반복되었습니다. 올라가는 듯하다가는 내려가고 내려가는구나 싶으면 올라가고 하는 것이, 그것이 삶이었습니다. '평정심'만이 마음의 무기였습니다.

'지금' '이 순간'에 살라고 합니다. '오늘'이 '내일'을 만든다고 합니다. 고정된 것에 집착하지 않고 자유로운 마음을 갖도록 합니다. 늘 깨어 있으려 노력합니다.

06

사전에 얼마나 철저하게 제대로
준비하고 경험했는지가 중요합니다

열심히 살았습니다. 열심히만 하면 되는 줄 알고 살았습니다. 모르는 것이 너무 많았는데도 말입니다. 아차 싶어서 정신 차리고 보니 아는 것이 하나도 없었습니다. 스승님을 찾아 나섰습니다. 아무도 없었습니다. 사는 것에 대하여 처음으로 공포가 왔습니다. '어떻게 살아야 하나?' '어떻게 사는 것이 잘사는 것일까?' 앞이 캄캄했습니다. 공부하셨다는 분을 찾아 나섰습니다. 하루에 열 분을 만날 미팅 시간을 잡고 연이어 찾아다녔습니다. 알 수 없었습니다. 오히려 더 조급해지고 의문만 깊어졌습니다.

모는 것에는 '때'가 있다고 하더니 살아갈수록 정말 맞는 말입니다. 언젠가부터 아침에 일어나면 가장 먼저 문자, 카톡을 점검하고 유튜브를 트는 버릇이 생겼습니다. 유튜브에서 '최면'이라는 것을 가르치는 분을 만났습니다. 박세니 선생님입니다. 호기심으로 여러 번 들었습니다. 그리고 몇 년이 흘렀습니다. 어려움이 닥쳐왔을 때, 유튜브로 다시 찾아갔습니다. 그러고는 수강 신청을 했습니다. 무릎을 쳤습니다. '이거였구나! 그냥 하는 것이 아니었어. 열심히만 한다고 되는 것이 아니었어!'

그냥 하는 것이 아니라, '반드시 사전에 얼마나 철저하게 제대로 된 준비를 거친 후에 경험할 것인가!'에 대하여 깊이 생각해야 한다고 하셨습니다. 그냥 할 것이 아니라 철저하게 준비된 후에 경험해야 하는 것이었습니다. 결단하고 그렇게 하려니 사방이 공부거리였습니다. 항상, 책을 가지고 다니며 틈나는 대로 읽었습니다. 책 읽을 시간이 나지 않더라도 가방에 읽을 책 한 권은 항상 가지고 다녔습니다. 철저하게 제대로 준비하려는 결단이었습니다.

제대로 잘살고 싶은 마음이 간절하다 보니 사방이 모두 배울 것이었습니다. TV를 보다가 받는 메시지도 있고 무심코 열어 본 책에서도 큰 깨달음을 얻게 됩니다. 재미로 보던 드라마의 주인공 대사에서도 삶의 진실을 만나게 됩니다. 길을 가다 부딪치는 돌멩이에도 배울 것이 있다고 했습니다. 흘러가는 하늘의 구름에서도 우주의 이치를 깨닫게 됩니다. 고도의 집중과 몰입으로 성공하는 삶을 살라고 하셨습니다. 일 년만 미쳐보라는 책도 있습니다. 일 년 동안 더 크게 성장하겠다고 결단했습니다. 깊이 더 깊숙이 들어갔습니다. 한동안 밥하는 일도 잊어버리고 몰입하고 공부했습니다.

07

실패한 사람은 없습니다

성공한 사람과 실패한 사람이 있다고 합니다. 하지만 저는 그렇게 생각하지 않습니다. 성공한 사람과 아직 성공하지 못한 사람이 있을 뿐입니다. 성공하기 위해 우리는 끊임없이 노력합니다. 실패란 없습니다. 실패도 성공하기 위한 과정이기 때문입니다. 실패한 것으로 단정하고 완결시키지 말아야 합니다. 될 때까지 해야 합니다. 이런 방법 저런 방법, 모두 해보고 반드시 성공해야 합니다. 성공할 때까지 포기하지 않습니다. 하고 또 하면서 더 많은 깨달음을 얻습니다. 성공이란 포기하지 않는 것입니다.

행복해지고 싶었습니다. 언젠가부터 아침에 일어나는 것이 무척 힘들었습니다. 자고 일어나면 마음이 맑고 가벼워야 하는데 가슴에 큰 돌이 누르고 있는 것 같았습니다. 일어나면 걱정과 고민의 불이 동시에 켜졌습니다. 언제부터인가 습관이 되어 있었습니다. 마음을 살피기 시작했습니다. 습관적으로 무거워져 있는 마음을 지켜봤습니다. 미야케 히로유키의 『매일 아침 1분으로 부자 되기 연습』을 읽으며 하나씩 실행하기 시작했습니다. 하루에 한 가지씩 따라 하며 블로그에 포스팅하였습니다. 무겁고 힘든 마음자리에 새로운 방식의 아침을 채워나갔습니다.

성공하기 위해 집중해야 했습니다. 다시 일어서기 위해 더 크게 성장해야 했습니다. 눈 한 번 깜빡거리는 것조차 귀했습니다. 무엇을 하든 모든 마음과 행동이 하나가 되어 성공하는 길로만 가고자 했습니다. 그만큼 간절했기에 다른 것은 보이지 않았습니다. 하루 24시간 온전히 성공하는 것에만 집중했습니다. 우리의 일과는 모두 선택입니다. 일어날 것인가, 더 잘 것인가! 밥을 먹을 것인가, 우유를 먹을 것인가! 책을 읽을 것인가, TV를 볼 것인가! 자기계발서를 잡을 것인가, 소설 한 편을 읽을 것인가! 커피를 마실 것인가, 주스를 마실 것인가! 하루에 하는 행동을 가만히 들여다보면 온통 선택의 연속입니다.

매 순간 성공해야 한다는 생각으로 꽉 차 있었습니다. 모르고 지나갔던 일에 대한 점검은 아프지만, 꼭 거쳐야 했습니다. 60대에 겪어 참으로 다행이라고 생각했습니다. 70대에 파도를 겪었더라면, 생각만 해도 아찔했습니다. 겸손해야 했습니다. 단단해져야 했습니다. 고요해야 했습니다. 후덕하고 느긋해야 했습니다. 지금, 이 순간이 감사했습니다. 무엇인가 제대로 철저하게 준비해야 한다는 생각이 마음에 꽉 차올랐습니다. 결단해야 했습니다.

08

믿는다는 것은
우주에 꿈을 발표하는 것입니다

"믿고 놓아라! 그러면 모두 이루어진다."

"100번 쓰고 믿어라. 그러면 쓴 대로 된다!"

"상상하라! 믿은 대로 된다!"

"믿어라. 믿는 대로 된다!"

제 경험상 '믿는다'라는 것은 꿈꾸는 것을 우주에 선포하고 100% 믿고 잊어버리는 것입니다. '믿는다'라는 것은 온전히 원하는 대로 된다고 믿고 더 이상 생각하지도 걱정하지도 않는 것입니다. 그리고 이루어진 것으로 알고 행동합니다. 부자가 되고 싶으면 부자처럼 행동하라는 말이 있지요! 이루고 싶은 꿈을 우주에 던졌습니다. 그리고 던진 꿈을 이루기 위해 해야 할 일을 꿋꿋하게 멈추지 않고 묵묵히 실행하면 되는 것입니다.

남편에게 건강 문제가 발생한 것은 순전히 저 때문입니다. 뻔한 사실을 두고 6년씩이나 끔찍한 소송에 휘말리는 아내를 보면서 무척이나 마음이 힘들었던 것입니다. 화도 났겠지요. 위암 2기로 삼 분의 이를 잘라낸 위! 참담했습니다. 빠르게 수술하고 오대산 전나무 숲으로 들어갔습니다. 마침 감사하게도 숙소가 허락되어 이사할 수 있었습니다. 진부역에서 청량리역으로 출근하였습니다. 진료는 주중에 몰아서 하면서 금요일 오후부터 월요일 아침까지는 오대산을 걷고 또 걸었습니다.

항암 치료를 하지 않고 자연에 맡겼습니다. 오로지 자연에서 채취한 산나물과 어머님 된장찌개 그리고 자연에서 얻은 버섯으로만 밥상을 차렸습니다. 수면을 충분히 했고 마음을 편하게 했습니다. 그러고는 무조건 믿었습니다. 걷고 또 걸었습니다. 처음에는 100m도 어려웠습니다. 매일 조금씩 자연스럽게 늘려갔습니다. 1년쯤 걸으니 1,300m 고지까지 오를 수 있었습니다. 도시락을 싸서 물가에 앉아 따뜻한 햇볕을 반찬 삼아 먹었습니다. 물소리는 맛있는 간식이었습니다. 자연을 먹고 자연에 안겼습니다. 5년이 되어가는 지금은 헬리콥터도 없이 건강하게 병원 진료에 전념하고 있습니다. 수술하고 나온 그때부터 하루에 '감사합니다'를 만 번씩 외쳤습니다.

믿음을 우주에 던지고 이룬 기적은 셀 수 없습니다. 돌아보면 파도가 오기 전부터 삶의 공식은 적용되고 있었습니다. 초등학교 3학년 여름방학에 이모님 댁에 갔을 때도 마찬가지였습니다. 마장동 시외버스터미널에서 버스만 태워주면 혼자 갈 수 있다고 졸라대니 엄마는 걱정하면서도 태워주셨습니다. 주소를 적은 쪽지 하나 손에 꽉 쥐고 버스 운전석 뒤에 앉았습니다. 충주에 도착하자마자 가장 큰 약국으로 갔습니다. 약사님께 '용교리 용대' 가는 버스를 묻고는 난생처음 보는 시골길을 달렸습니다. 정확한 정류장에 내렸고 때마침 자전거 탄 아저씨를 만나 이모님 댁 '용교리 용대 족족골'로 무사히 도착했습니다. 그때 그 멋진 시골은 제 꿈이 되었습니다. 초등학교 3학년 어린 나이에 이담에 크면 시골로 시집가겠다고 결심을 했습니다. 서울을 처음 벗어나 시골 풍경에 푹 빠진 소녀는 아름다운 자연에서 살겠다고 결단했습니다.

　원하는 대로 시골 태생인 남편과 결혼했습니다. 우주에 던진 기적은 거기에서 끝나지 않았습니다. 자연치유를 위한 오대산 살림을 하면서 또 하나의 꿈을 던졌습니다. 노후의 삶은 '강원도 평창군 그 어디에서 치매와 암이 없는 건강마을을 만들고 그곳에서 아름다운 삶을 마감한다'였습니다. 5년 전에 마음 낸 꿈이었습니다. 선포하고, 믿고, 잊어버리고 열심히 살고 있었습니다. 회사 세 곳을 나라에 맡기고 뼈를 깎는 노력으로 하루하루를 성실하게 살아내고 있었습니다. 반가운 지인이 병원으로 찾아왔습니다. 오래전부터 평창에 마음 맞는 몇 가족이 함께 살고 있으니 한번 놀러 오라고 여러 번 초대해준 고마운 인연이었습니다.

　그곳의 대표와 함께 왔습니다. 평창에 와서 함께하자는 제안이었습니다. 주저하지 않고 갈 수 없는 우리의 현실을 이야기했습니다.

　"여러 번 초대해주셨는데 죄송합니다. 얼마 전 회생 신청을 하였습니다."

"그런 것은 문제가 되지 않습니다. 비어 있는 집이 있는데 함께 삽시다!"

주말 진료가 끝나는 대로 평창으로 달려간 지 7개월이 지나고 있습니다.

우주는 반드시 답을 줍니다.

꿈을 말하고, 믿기만 하면요!

09

돌려받지 않는 마음이
자유로운 영혼으로 살게 합니다

내 마음을 좋아하는 사람에게 준다는 것처럼 행복한 것이 있을까요? 받는 것 또한 행복이지요. 주고받는 것은 참으로 아름다운 일입니다. 사업을 시작한 지 40년입니다. 얼마나 많은 사람을 만났을까요? 개인병원, 출판사, 유니폼 회사 세 회사를 운영했습니다. 한때는 대형문고 전 지점에서 세계적인 명품 어린이 완구점을 운영하기도 했습니다. 남대문 새벽시장의 활기가 궁금해서 새벽 도매시장을 경험해보기도 했습니다. 다양한 경험을 통해서 깨달은 것은, 누구에게든 줄 때는 돌려받지 않는다는 마음으로 줘야 한다는 것입니다.

어떻게 일어난 일인지 알 수 없으나, 작가의 소송으로 6년 동안 민사 5건, 형사 3건을 겪어야 했습니다. 물론 바로잡았습니다. 억울하게 말도 못할 고통을 받았지만, 바로잡았으니 되었습니다. 경제가 무너지고 돈보다 더 귀한 시간도 놓치고 회사도 엉망이 되었지만, 바로잡았으니 되었다는 생각입니다. 그러나 무엇보다도 가슴 아픈 일은 아이들의 상처가 이만저만이 아니라는 사실입니다.

소송해야 하는 것 아니냐, 받아내야 하는 거 아니냐, 갚아 줘야 하는 거 아니냐고 주변에서 더 분하다고 했지만 덮었습니다. 그 일은 우주의 몫이라고 믿었습니다. 그 시궁창에 일 초도 더 있고 싶지 않았습니다. 잃은 것은 또 만들고 세우면 되는 것입니다. 억울한 누명을 쓰지 않았으니 그것으로 된 것입니다. 다시 세우기에 바빴고 생각조차 하기 싫었습니다. 까맣게 잊는 것이 갚아 주는 것이라 생각했습니다. 그 정거장에 있기에는 우리 가족이 너무 소중했습니다.

돌려받는 것에 집착하면 스스로 고생을 자처하는 것입니다. '내가 이렇게 했는데 어떻게 나한테 이럴 수 있어!' 이런 생각은 자신을 더 힘들게 옭아매는 좋지 않은 생각입니다. 줄 때는 '아낌없이' 줘야 합니다. 돌려받으려는 생각 없이 주고, 주는 행복에 만족하는 것이 가장 좋습니다. '했다'라는 마음, '줬다'라는 마음보다는 해줘서 참 행복하고 줄 수 있어서 정말 기쁘다는 마음이 행복을 지켜주는 것입니다. 줄 때는 돌아오지 않더라도 충분히 행복하다는 것을 단단히 자신에게 일러둬야 합니다. 자유로운 영혼으로 사는 방법입니다.

10

깨어 있는 삶만이
행복을 약속합니다

정말 잘하고 싶습니다. 뭐든 꿈꾸는 대로 이루고 싶지요. 간절한 마음으로 산다는 것은 늘 깨어 있는 삶을 말합니다. 긴장하고 살아간다는 것과는 다른 이야기입니다. 깨어 있다는 것은 자기 자신 안에 있는 모든 마음이 하나가 되어 어떠한 일을 만나게 되어도 평정심으로 대할 수 있는 상태를 말합니다. 있는 그대로 마주 보고 어떤 마음에도 흔들리지 않는 그런 마음입니다.

알고 있어도 순간순간 놓치는 것이 많습니다. 잘하다가도

아차 하면 살아온 습관대로 생각하고 행동하는 자신을 보게 됩니다. 그냥 생각하는 대로 사는 거죠. 깨어 있다는 것은 외부의 어떠한 것이 오더라도 중심을 잃지 않고 바르게 대응하는 것입니다. 어려운 일입니다. 화를 내는 마음, 편견 이런 것들인데요. 좋고 싫음, 옳고 그름에서 오는 마음 흔들림을 그대로 판단하고 행동하지 않고 바로잡는 것입니다. 깨어 있음이란 외부로부터 오는 경계로 인한 감정에 휘둘리지 않고 바로잡는 것입니다. 마음 기둥입니다.

20년 전에 '화를 내지 않는 사람'이 되어야겠다고 결심했습니다. 결심하고 나니까 참을 수 없는 일들이 연거푸 몰려왔습니다. 그때부터 깨어 있어야 한다고 더 큰 결단을 하고 훈련에 들어갔습니다. 가족과의 문제, 직장 동료들과의 문제, 다른 사람들과 부딪히는 문제 모두가 숙제였습니다. 지금 생각하면 빙그레 웃음이 납니다. 내 안에 있는 '화'의 산을 부수려고 작정한 시간을 돌아보면 대단한 훈련이었습니다. 감독도 저 자신이고 선수도 저 자신인 둘만의 경기였습니다.

아침에 일어나면, 간단하게 세수하고 명상을 하였습니다.

주제는 '느긋하게' '후덕하게'였습니다. '화'를 모르는 사람이 되려고 무던히 노력했습니다. 삐쭉빼쭉하는 마음부터 욱하는 마음까지 모두 없앨 대상이었습니다. 그런데 작정할 때마다 더 큰 문제가 왔고 그때마다 보기 좋게 실패했습니다. 포기하지 않고 뉘우치며 바로 결심했습니다. 또 하고 또 넘어지고 반복하면서 '화'의 산은 조금씩 작아졌습니다. 20년이 흐른 이제는 아주 조금 남아 있는 듯합니다. 어쩌다 화가 난 자신을 보면 부끄럽고 안타깝습니다.

참는 것이 아니라 녹여버리는 것입니다. '화'의 뿌리까지 녹여 없애버리자는 마음입니다. 그렇게 하여 '화'가 무엇인지도 모르게 될 것이라는 결단입니다. 깨어 있다는 것은 그 결심을 잊지 않고 실행할 수 있는 마음을 지속하고 있는 상태를 말합니다. 어려운 자신과의 싸움이기도 합니다.

글을 쓰는 이 순간에도 '화'에 대하여 점검해봅니다. 자꾸 웃음이 납니다. 아주 조금 있는 그 '화'와 대면하면서 작별 인사를 해봅니다.

"그거 꼭 내야 해?"

"화를 어떻게 내는 거지? 화가 뭐지? 어딨지? 있기나 해?"

"화 대신 웃으면 안 될까?"

미소로 대답합니다.

11

새롭게 시작할 것을 결단했습니다

무엇이라도 해야 했습니다. 벼랑 끝에서 뛰어내릴 수는 있어도 밀려 떨어질 수는 없었습니다. 시간 나는 대로 항상 책을 끼고 있었습니다. 세상의 모든 이야기가 거기에 있었습니다. 서서히 길이 보였습니다. 안전한 새 길로 들어섰습니다.

결단했습니다. 지난 시간으로부터의 나 자신을 깨끗하게 초기화하고 새롭게 시작했습니다. 세상에 아무도 없었습니다. 혼자 해내야 했습니다. 돌아가신 아버지 무덤이라도 파헤치고 싶은 심정이었습니다. 이 마음이 무엇인지 자꾸 올라왔습니다.

오로지 엄마 한 분이셨는데 하필이면 기가 막히게 힘든 이때, 왜 아버지인지 알 수 없었습니다. 하지만 목이 막힐 듯 힘든 순간마다 아버지 무덤으로 들어가는 것이었습니다. 알 수 없는 마음이었습니다. 지금은 그 마음조차 어디로 사라져 버렸습니다.

모두 다 버리고 새롭게 시작하려니, 원래 결혼할 당시 처음부터 없었다는 생각이 번쩍 들었습니다. 그때에 비하면 지금은 너무 많이 가지고 있는 '나'를 발견했습니다. 처음 시작했을 때와 절벽에 서 있는 지금의 자신을 비교해봤습니다. 그때는 학생 부부였지만 현재 남편은 가정의학과 전문의이며 한의사인 치매명의였습니다. 아들도 둘이나 제 곁에 있었습니다. 어렵지만 40년 된 병원, 20년 된 출판사, 5년 된 회사가 있었습니다. 회사처럼 연혁표를 작성해봤습니다. 처음 시작은 아무것 없이도 씩씩했습니다. 오히려 지금은 돈으로도 살 수 없는 소중한 경험이 많이 쌓여 있었습니다.

이런저런 어려움 속에서도 슬기롭게 이겨낸 일들이 떠올랐습니다. 가슴이 벅찰 정도로 크게 해낸 자신을 만났습니다. 행운의 순간에 있었던 시간을 느낄 수 있었습니다. 가장 빛나게 했던 두 가지 키워드를 찾았습니다. 진료 현장에 있을 때와 책을 펴낼 때 가장 행복해하는 자신을 만났습니다. 살아갈 날을 올려다보면서 바로 두 가지를 삶의 주제로 정했습니다. 100세 시대! 살아 보자! 다시 시작하자! 벅찬 마음이 올라왔습니다!

어려웠던 만큼 더 높이! 더 깊이! 더 잘해보자는 긍정적인 마음이 솟구쳤습니다. 병원과 출판사에서 경험했던 것을 잘 융합하여 새 길을 가자고 결정하니 벅찬 희망이 차올랐습니다. 새 길은 저절로 열리고 속도는 막을 수 없을 만큼 빨랐습니다. 보이는 것만이 다가 아니라는 것을 깨닫는 순간이었습니다. 보이지 않는 세계에서 보내는 응원까지 놓치지 않았습니다. 세상이 온통 응원해주었습니다. 우주가 돕기 시작했습니다.

part 3

신념

신념은 경험한 것에 대한 느낌입니다.

Super Again

01

나를 만나러 가는 길,
나를 찾아가는 길입니다

신념이란 창조의 힘과 파괴의 힘, 두 가지를 모두 갖고 있습니다. 신념은 경험한 것에서 오는 느낌입니다. 부정적인 신념도 긍정적인 신념도 있습니다. 이 두 가지 신념으로 우리는 변화하고 성장합니다. 자신의 신념을 알기 위해선 자기 자신을 만나러 가야 합니다. 자신을 찾아 나서는 거지요. 자신을 알고 자신이 원하는 것을 알아야 합니다. 그리고 자신을 경영하는 또 다른 자기 자신을 만나 하나가 되어야 합니다.

아주 쉬운 이야기입니다. 제 안에는 아주 성질 급한 '나'도 있고 느긋하고 착한 '나'도 있습니다. 두 상반된 성격 덕분에 나쁜 사람과 좋은 사람으로도 구별될 수 있습니다. 대운이 오고 깨닫게 되면 확실하게 알아차리게 됩니다. 내 안에 나쁜 놀부를 내보내기 위해 명상을 했습니다. 어떤 날은 고요히 평화롭습니다. 하지만 어떤 날은 똑같이 20분을 하는데도 명상이 영 불편하고 참기 어렵습니다. 그럴 때일수록 차분하게 꾹 참고 반드시 완성해야 합니다. 그때 그 놀부가 쫓겨 나가는 것입니다. 내 안에서 평생 신나게 잘살다 쫓겨 나가려니 온갖 심통을 부리는 거지요. 놀부가 시키는 대로 하니까 참아도 될 일에 화를 내고, 결국 참지 못해서 그로 인해 큰 손해를 보게 합니다. 그러면 놀부는 신이 나는 거지요. 왜냐면 자기가 시키는 대로 주인이 하니까요.

경험을 통해 알게 된 것을 쉽게 이야기로 꾸며 봤습니다. 아침에 일어나 바로 명상을 합니다. 후덕하고 행복한 마음을 지키기 위해서입니다. 마음의 평화가 오고 원하는 대로 꿈이 이루어지게 됩니다. 그래서 더욱 지켜야 하는 마음입니다. 착한 마음을 나쁜 마음이 괴롭힙니다. 그때마다 놓쳐서 안타까워하지만, 다시 털고 일어나 또 다짐합니다. 반복하는 깨달음으로 성장합니다. 그래서 아픔은 성장의 기회입니다. 명상하면 나쁜 마음은 차츰 점점 더 작아집니다. 매일 명상을 하는 이유입니다. 이런 경험을 하면서 신념이 생겼습니다. 명상이 답입니다. 화를 없애는 것도 편견을 버리는 것도 변화하는 힘도 모두 명상에서 온다는 신념을 가지고 있습니다. 비가 오나 눈이 오나 아침에 일어나면 빠짐없이 명상 자리에 앉습니다. 변화하고 성장하기로 결단을 했다면, 자신의 신념을 살펴보시기를 권합니다.

02

나는 누구일까요?

　새 길을 가겠다고 결단하면서 우선 내가 어떤 사람인지 알고 싶었습니다. 자신에 대하여 막연하게만 알고 있었기 때문에 삶이 힘들어진 것으로 생각하였습니다. 열심히만 하면 성공한다고 믿었던 모자람, 사전에 기획 없이 자신만 믿었던 어리석음, 자신이 알고 있는 것이 전부라는 오만함, 열정으로 가려진 성급함, 욕심 많은 집착, 어디서 왔는지도 모르는 신념으로 판단되는 편견, 이런 것들이 보이기 시작했습니다.

　열심히만 해서는 부족하고 잘해보겠다는 결단이 자신을 깊이 파고들게 했습니다. 먼저 단점부터 보였습니다. 장점인지

단점인지 알 수 없는 것도 있었습니다. 예를 들면, 처음 만나는 사람은 모두 좋은 사람이라고 보고 상대방의 말을 긍정적으로 받아들이는 것입니다. 손해를 보는 것 같지만, 단연코 얻고 배우는 것이 많습니다.

저는 대단히 긍정적인 사람입니다. 하고자 마음먹은 일에는 더욱 그렇습니다. 오로지 잘하고 싶은 마음에 함께할 사람을 잘 못 보는 것입니다. 잘할 것이라고 믿어버리는 것이지요. 잘하고 싶은 마음이 너무 강해서입니다. 책임감이 강해서 요청하지 않았는데도 책임을 지려 합니다. 오지랖입니다. 남들은 결정이 성급하다고 하지만 시간이 짧은 것뿐입니다. 동시다발 360도 오감을 열고 하는 결정입니다. 상당히 전략적입니다. 하고자 결정하면 최강 집중력으로 반드시 될 때까지 해냅니다. 몰입하고 미래의 행복에 가치를 둡니다.

자신에 대하여 모든 것을 알고 싶었던 그때, 강점 5 코칭 프로그램에서 강점 진단을 받았습니다. 제 강점은 책임, 전략, 성취, 집중, 미래지향임을 알게 되었습니다. 저를 이해할 수 있는 순간이었습니다. 과거의 자신에 대해 충분히 이해할 수 있게 되었습니다. 선명해진 이해 덕분에 현재와 미래에 대한 자신감이 생겼습니다. 자신의 강점을 더 극대화하여 성공하는 원동력으로 쓰게 된 것이지요. 일어설 힘을 얻었습니다.

강점 5가 정확했습니다. 마음에 들었습니다. 자랑스럽기까지 했습니다. 어려서부터 지금, 이 순간까지 '책임'입니다. '그래! 네가 다 이해가 되었어! 지난 시간을 모르고 한 일이라면 이제부터는 내 강점을 최대한 활용해서 멋지게 해보자!'

또 하나의 명품을 만났습니다. '휴먼 컬러 프로그램'으로 자신의 컬러를 알게 되었습니다. 양력, 생년월일, 시만 앱에 등록하면 인생 전반의 컬러가 나오는 것입니다. 그리고 컬러의 특징으로 자신의 본질을 이해하고 자신의 현재와 미래의 삶을 슬기롭게 계획할 수 있습니다. 삶의 방향을 정하는 데 큰 도움이 되었습니다. 잠시 배운 기초만으로도 제 삶을 이해하게 되었습니다. 함께 공부하는 분들께 각각의 자신마다 컬러를 알려드리며 큰 도움을 주게 되었습니다. 우리는 생활 속에서 컬러를 뺄 수 없음을 잘 압니다. 자신의 컬러를 알게 되면 성격과 성향, 미래를 계획할 수 있습니다.

무엇보다도 좋은 점은 장점과 긍정적인 특징으로 미래지향적 조언이라는 것입니다. 일하는 파트너의 컬러를 알고 가족의 컬러를 아는 삶이 얼마나 조화로운지 더 깊이 배워 나가고 있습니다. 수천 년 전 고대 이집트 빛의 신전과 그리스 황금시대에도 색채요법이 활용되었다고 합니다. 컬러테라피를 처음으로 실험한 것은 피타고라스 학파의 사람들이었다고 하네요.

컬러에 모든 과정을 섭렵하고 컬러 리더들을 탄생시키는 꿈을 실행하기 시작했습니다. 세상이 더욱더 아름다운 성장을 할 수 있도록 돕고 싶습니다. 너무 신기하고 재미있는 작업입니다. 성장을 증폭시킬 수 있고, 자신감으로 성공할 수 있도록 안내할 수 있어 더욱 좋습니다. 이구동성으로 어쩜 자신을 딱 그대로 읽어주냐고 놀라며 자신의 장점을 확인하고 행복해합니다. 나 자신을 알아간다는 것! 또 다른 세상으로 가는 필수 과제입니다. 소크라테스가 '너 자신을 알라!'라고 말한 숭고함에 대하여 머리가 숙여집니다.

03

산다는 것은 무엇일까요?

이 땅에 온 것부터 생각했습니다. 살아 있다는 것, 살아간다는 것, 살아온 것에 대해 곰곰이 생각해봤습니다. '왜 사는가?' 자신에게 물어봤습니다. '행복한가?' 물어봤습니다. '무엇으로 사는가?' 더 깊이 물어봤습니다.

삶이 언젠가

끝나는 것이라면

삶은 사랑과 희망의 색으로

칠해야 한다.

- 샤갈

결단해야 하는 시간에 자신에게 들려주는 명언입니다. 힘들 때 마음을 훈훈하게 해줍니다. '그래! 사랑과 희망으로 칠해야만 한다! 그것이 삶이다!' 행복에 주파수를 맞추자고 결단했습니다. 산다는 것이 무엇이든 간에 사랑과 희망으로 행복에 주파수를 맞추고 칠해 나가야만 했습니다. 60대인 제가 선택해야 하는 숙명이었습니다. 감사한 마음으로 가득했습니다. 사랑과 희망으로 칠하는 삶을 살게 되다니! 행복에 주파수를 맞추며 살게 되다니! 참으로 좋았습니다.

세상에 왔으니 인류에 한 가지라도 보탬 되고 성장하는 삶을 살아야 한다고 깨닫게 되었습니다. 어려움이 없었다면 생각도 못했을 일입니다. 고통 끝에 위기를 만났고 그 어둠에서 벗어나는 방법을 찾았습니다. 문제가 있다는 것은 답이 있다는 것입니다. 그러니 답을 얻을 때까지 온갖 방법을 찾다 보면 문제는 풀리기 마련입니다. 세상에 온 흔적을 남기기 위해 다가오는 예감을 소중하게 받아들였습니다.

딱! 한 가지만 하고 가자! 나와 같이 어려움을 겪는 사람들과 함께 일어나 가자! 100세 시대이니 누구나 건강하게 익어

가야 한다! 건강을 예방하여 100세까지 똘똘하고 씩씩하게 살자! 그리고 영향력 있는 100세로 지켜내자! 자기 경험으로 돈을 벌게 하여 나누자! 그 경험을 책으로 써서 작가가 되게 하자! 책쓰기 브랜딩으로 강단에 서게 하자! 강단에 서서 많은 이로 하여금 꿈이 되고 희망이 되게 하자! 우선, 나부터 시작하자! 사명이다!

04

어떻게 해야 잘사는 걸까요?

오랜 시간 실천해 온 아침 루틴이 있습니다. 서둘러 양치질 하고 명상 20분 하고 유튜브를 잠깐 보는 것입니다. 그날도 그랬습니다. 『백년을 살아보니』의 '김형석' 교수님 강연이었습니다. 똑똑한 AI가 꼭 보아야 할 동영상을 차례대로 줄을 세워 올려줬습니다. 족집게 도사입니다. 그다음은 정신과 의사 '이근우' 박사님의 개인 유튜브 첫 회 동영상이었습니다. 이거다! 영감이 떠올랐습니다.

100세까지 돈 버는 책쓰기 브랜딩으로 영향력 있는 명강사 되기!

건강관리를 철저하게 하면서 100세까지 강연하고 세상에 착한 영향력을 나누시는 김형석 교수님이셨습니다. 한쪽 눈이 보이지 않게 되고 시력이 악화되자, 더 이상 쓸 수 없는 원고 대신 유튜브로 직접 전하시기로 하신 이근우 박사님이셨습니다. 롤 모델이 연이어 제게 말씀하시니 더 이상 미룰 것도 망설일 것도 없었습니다.

같은 어려운 처지에 있는 사람과 함께 성장하자는 불타는 의지로 카카오톡에서 운영하는 '오픈채팅방'을 열게 했습니다. 부러워하던 방장이 된 것입니다. 진작 시작해놓고 부끄러워서 두 달 넘게 방치해놓긴 했지만, 그 덕에 제대로 된 꿈을 기획할 수 있었습니다. 세상에 조금은 보탬이 될 수 있다는 자신감이 생겼습니다. 40년 동안 의원한의원 진료 현장에 있었고 20년 동안 350여 권의 출판한 경험이 생생하게 살아 나왔습니다.

경제적 자유를 찾아야 했습니다. 너무 많은 것을 잃었지만, 아픔 속에서 돈을 주고도 사지 못할 깨달음을 얻었으니 그것으로 되었습니다. 더 크게 일어서는 일만이 남았습니다. 부지런히 배우고 익히고 실천하면 되는 것이었습니다. 원하던 대로 행복해졌습니다. 마음 부자가 되었습니다. 마음이 모든 것을 하는 것이니 마음부터 부자가 되어야 큰 부자가 되는 것임을 알고 있었습니다. 어려움 속에서 열매를 맺는 마음 나무를 큰 동산에 키우고 있었습니다. 더 건강하고 멋지게 키워서 아름다운 동산에 쉬러 오는 사람들과 놀러 오는 사람들에게 나눠야 했습니다. 방법은 마음을 책에 담아 마음껏 만들고 나누는 것이었습니다. 어느 것에나 적용하기!

"지금 시작하고 나중에 완벽해져라!"

− 롭 무어

05

답을 만날 때까지
생각하고 또 생각합니다

우울하거나 답답한 마음에 지지 말아요! 답을 만나기 위한 과정입니다. 몸이 무겁거나 컨디션이 안 좋아 어두울 때도 마찬가지입니다. 크게 걱정할 일이 아니에요. 동트기 전이 가장 어둡다고 합니다. 그런 이치입니다. 무엇인가 문제가 생기면 답을 찾게 되지요? 해결하기 위함입니다. 답을 만날 때까지 생각하고 또 생각하면 답은 항상 있습니다. 여러 번 반복해서 이야기하는 것은 그만큼 여러 번 적용했던 공식이기 때문입니다. 뼛속 깊이 새겨둬야 할 삶의 법칙입니다.

함께 공부하고 있는 백친의 이야기입니다. 오십 대 여자분으로 파견직 콜센터에 근무하고 있습니다. 성실하고 마음이 예쁜 분입니다. 어려운 환경에서 자랐으나 꿋꿋하게 견뎌내고 13년 동안 대기업의 콜센터장으로 근무한 전문가입니다. 노력한 만큼의 결과로 젊은 나이에 센터장이 되었습니다. 성실하게 근무하던 중 아랫사람의 큰 실수로 하루아침에 평직원으로 내려오게 되었습니다.

그 이유로 건강도 무너졌습니다. 다른 길을 찾기 위해 가까운 지인의 권유로 투자했다가 큰 손해를 보았습니다. 전부 잃었습니다. 바닥부터 다시 시작하면서 성실하게 실력을 쌓겠다는 의지를 보였습니다. 온라인 세상에서 다시 시작하였습니다. 퇴근 후 밤늦게까지 책을 읽었습니다. 노후를 위한 경제적 자유를 꿈꾸며 작가가 되었습니다. 강연도 하게 되었습니다. 강사로서 강단에 서게 되었습니다. 1인기업가가 되기 위한 어려운 과정도 참여하였습니다.

구체적인 계획을 세웠습니다. 자부심을 가지고 행복하고 보람되게 일했던 콜센터장 시절의 찬란했던 자신도 찾았습니다. 이름도 개명하고 새 삶을 살겠다고 결단도 했습니다. 트라우마였던 콜센터장의 역할을 뛰어넘어 '코니 아카데미' 대표가 되었습니다. 1인기업가를 위한 콜센터 교육 회사를 설립할 준비를 하고 있었습니다. 그러던 어느 날, 4개월 후의 계약기간 종료를 통보받았습니다.

"그 전 같으면 또 주저앉았을 거예요. 하지만 우주에서 돕는다는 것을 바로 알아차렸지요! 준비가 거의 다 되었으니 박차를 가해준 거예요! 고마운 일이 아닐 수 없어요! 쓰던 책도 더 속도를 내며 1인기업가로 출발하라는 축하 신호로 받아들이니 감사함으로 꽉 찹니다!" 공부가 헛되지 않았다며 들뜬 목소리로 말했습니다. 함께 공부한 사람으로서 정말 뿌듯했습니다. 더 큰 성장을 응원합니다! 항상 지지합니다!

문제는 언제나 일어납니다. 예측할 수 없습니다. 하지만 우리의 마음은 조율할 수 있습니다. 평소에 답을 찾을 때까지 생각해야 하는 힘을 키워야 합니다. 갑자기 퇴직 통보를 받았을 때, 실망하는 사람과 성장의 기회로 여기는 사람이 있습니다. 당신은 어떤 사람입니까?

저 또한 코로나로 세 회사가 문을 닫아야 하는 지경에 왔을 때 잠시 멈추고 생각했습니다. 어떤 일이든 답은 있었습니다. 실패했다고는 조금도 생각하지 않았습니다. 다시 더 크게 일어날 기회라고 믿고 앞만 보고 달렸습니다. 옳은 답을 만날 때까지 깊이 생각하는 것은 성공으로 가는 과정일 뿐입니다.

06

원고연혁표는
참된 자신을 만나게 합니다

세상이 바뀌었습니다. 일상이, 일상이 아닌 것이 되었습니다. 상식이, 상식이 아닌 세상이 되었습니다. 만나서 소통해야 하는 예의가 실례를 끼치는 것이 되었습니다. 가까이 마주 봐서도 안 되었습니다. 사는 방식을 바꿔야 했습니다. 세상이 바뀌니 문화가 바뀌었습니다. 문화가 바뀌니 사람이 바뀌고 사람이 바뀌니 사는 형식도 바꿔야 했습니다. 동시에 많은 생각을 하면서 오감을 열어 놓고 판단해야 했습니다. 처음 일어난 일이라 관례도 법칙도 없었습니다. 온라인 세상으로 깊숙이 들어갔습니다. 겨우 딱따구리 타법으로 문서 정도 쓸 수 있는 컴퓨터 실력이었습니다. 어깨너머로 배운 실력이라 간단한 글 정도의 메일을 보내는 것이 고작이었습니다.

용기를 내야 했습니다. 구하면 열린다고 했습니다. 급하니까 나이가 중요하지 않았습니다. 온라인 세상으로 가면서 절실하게 나이를 인식하게 되었지만, 그조차도 뚫고 나갔습니다. 필요한 대로 배우며 익히고 실행하며 또 배웠습니다. 무엇보다도 자신의 미래에 대하여 이번에는 철저히 준비해야 했습니다. 더나이 들어서 '다시'는 없었습니다. 전쟁하는 마음으로 참여할 수있는 수업은 모두 들었습니다. 동시에 여러 가지 온라인 수업에참여했습니다. 아들들에게 신용카드를 빌렸습니다. 일단 카드로 등록하고 돈을 벌면 된다는 용기를 내었습니다. 간절한 마음이 용기가 되었습니다. 된다고 믿고 밀고 나갔습니다.

1살부터 100살까지 엑셀에 적은 후 해마다 최고 이슈를 적었습니다. 태어난 해를 옆에 흘리니 한눈에 보였습니다. 2022년에는 64살입니다. 10년 후, 2032년은 74살입니다. 또 10년 후, 2042년은 84살 나이입니다. 한눈에 모두 보였습니다. 지난 인생의 10대 뉴스도 보였습니다. 용감했던 나, 간절했던 나, 성공했던 나, 가슴 뛰는 나, 자랑스러운 나도 만났습니다. 형편없는 나, 턱없이 부족했던 나, 부끄러웠던 나도 만났습니다. 그러는 동안 가장 행복했던 때의 나를 보았고 가장 가슴 뛰는 것이 무엇인지를 알게 되었습니다. 기적이 깨어나는 시간이었습니다.

다시 시작할 수 있는 희망찬 자신을 만났습니다. 찬란했던 용기와 성공했던 '나'를 만났습니다. 저절로 힘이 솟아났습니다. 오래전이지만 명분과 가치로 시작했던 첫 마음을 다시 만났습니다. 그때의 마음과 지금의 느낌을 적어 놓은 연혁표에서 이런저런 이야기가 살아났습니다. 시작의 의미를 다시 새길 수 있었습니다. 작아져 있던 내 마음은 사라지고 다시 시작할 수 있는 힘찬 마음이 용솟음쳤습니다. 이미 시작하고 있었습니다.

07

나는 보석입니다,
하루에 세 번 외치고 시작합니다

스승님이 계신다는 것은 축복입니다. 회사 세 곳을 국가에 맡기고 난 직후 죄송한 마음에 한 어른을 찾아갔습니다. 어쩔 수 없는 사정을 이야기하면서 반드시 일어서서 은혜를 갚겠다고 말씀드렸습니다. 어른께서는 이십 년 가까이 모시고 의논하는 스승님이 계시는데 전화로 인사드리는 것이 어떻겠냐고 제안했습니다. 통화가 오픈되었습니다.

"그럴 사람들이 아닌데, 더 도와주고 더 응원해 주십시다! 올 9월이면 명예 회복합니다. 운이 나빠서 그래요! 더 도와주세요!"

"감사합니다. 꼭 그렇게 하겠습니다."

목이 메어 모기만 한 소리로 인사드렸습니다. 그로부터 만나 뵙지도 못한 분께 매일 아침 행운의 응원 카드 뉴스를 받았습니다. 아침 6시가 되면 여러 장 또는 한 장의 카드가 문자로 왔습니다. 여러 방법으로 무조건 격려해주셨습니다. 그렇게 시작한 사랑의 응원을 받은 지 일 년이 되었습니다. 어느 날의 전화입니다.

"아니 내 꿈에 당신이 보석이더라구! 이젠 아침마다 나는 보석이다! 나는 보석이다! 나는 보석이다! 이렇게 세 번 외치고 시작하세요! 자신 있게 가지고 있는 역량을 보란 듯이 다 펼쳐 보시구려!"

오늘 아침도 명상 시작하기 전, "나는 보석이다! 나는 보석이다! 나는 보석이다!" 세 번 외쳤습니다. 부모님이 키워주시고 적절한 때마다 여러 스승님께서 이끌어 주시니 삶이 참으로 달고 감사합니다.

이끄는 수업마다 모두에게 '나는 보석이다!'를 외치도록 권합니다.

우리 모두 보석입니다!

08

강점 5를 알고
진정한 자신을 찾았습니다

앞에서도 이야기했지만, 자신을 잘 몰랐습니다. 가끔은 '나는 왜 이럴까?' 회의에 빠지기도 했습니다. 자신이 맘에 들지 않아 힘들 때도 있었습니다. 바꾸고 싶은 것도 있었습니다. 눈물바다를 이루던 때, 신세계를 만났습니다. 강점 5라니! 내게도 강점이 있을까? 기대하는 마음으로 프로그램 신청을 했습니다. 청년기 장년기에도 듣도 보도 못한 프로그램이었습니다. 자신의 강점을 안다는 것은 삶의 도구를 쥐고 살 수 있다는 것이 아닌가요! 남편에게 이야기했더니 흔쾌히 함께했습니다. 부부가 함께 수업을 하니 매번 웃음꽃이 활짝 피었습니다. 타깃이 되어

티격태격하는 할아버지 할머니의 이야기가 젊은이들에게는 유쾌한 시트콤 한 편이었을 겁니다. 재미있게 배웠습니다.

제 강점 5는 책임, 전략, 성취, 집중, 미래지향이었습니다. 마음에 쏙 들었습니다. 강점 5를 더 높이 활용하여, 한바탕해보자는 결심이 섰습니다. 새로운 삶의 방향도 제 강점을 기반하여 결정했습니다. '100세까지 돈 버는 책쓰기 브랜딩' 책임과 전략으로 성취하여 집중하는 미래지향적인 기획이었습니다. '영향력 있는 명강사 되기' 또한 책임과 전략 성취 그리고 집중이었습니다. 어디 하나 부족함 없이 완벽하게 성취할 수밖에 없는 전략이었습니다. 매일 수시로 중얼거리며 입에 붙도록 읽었습니다. 누가 물어보면 자다가도 벌떡 일어나서 답할 수 있도록 외우고 또 외웠습니다. 사명이 되었고 확언이 되었습니다.

선언문이 되었습니다. 그러자 관계되는 일들이 저절로 펼쳐졌습니다. 새벽 5시 '부글새벽' 간판을 걸고 '부자들의 글 쓰는 새벽 방' 줌에 불을 켰습니다. 주말에는 쉬고 평일 5일 동안 하루도 빠짐없이 매일 새벽 5시에 불을 켭니다. 얼마나 간절하면 새벽 5시에 글을 쓰고자 모이겠습니까! 그 간절함이 하늘도 감동하여 기적이 일어나는 것입니다. 모두 한마음으로 명상을 합니다. 20분 동안 자신을 만나러 가는 거지요. 명상을 마치고 나면 약 15분 정도 디스크 예방 맨손체조를 합니다. 허리디스크 증상으로 힘들 때 개발한 체조입니다. 유효기간은 하루입니다. 매일 아침 목과 허리 그리고 팔다리의 유연성과 근육을 점검합니다. 100세까지 건강해야 하기 때문입니다.

이렇게 강점 5는 하나씩 하나씩 프로그램을 구성해 나갔습니다. 책임과 전략 그리고 성취, 집중, 미래지향으로 융합하여 '100세까지 돈 버는 1인기업가'를 위한 프로그램을 완성시켰습니다. 열심히 따라오는 백친은 4개월 또는 6개월 만에 경제적 자유와 마음의 부자가 되었습니다. N잡러가 되고 월 천만 원 매출을 달성하며 나 홀로 비즈니스의 1인기업가들과 함께 성장 중입니다.

강점 5의 힘으로 자신감도 생기고 다시 일어설 수 있게 되었습니다. 신념이란 어떤 것에 대한 확실한 느낌을 말하는 것입니다. 강점 5의 신념은 제 성장의 에너지가 되었습니다. 이 경험으로 백친들의 미래지향적 콘텐츠를 찾아 주는 훌륭한 도구로 쓰게 되었습니다.

09

우리도
각자의 컬러가 있습니다

어려서부터 컬러에 대한 남다른 사랑이 있었습니다. 초등학교 가기 전에는 크게 열린 창, 한옥 마루에 거꾸로 누워 하늘의 색을 배웠습니다. 흰 구름이 뭉실뭉실 떠가는 것을 보며 바람과 구름의 색을 배웠습니다. 마당에 있는 라일락 향기를 맡으며 보랏빛 향기도 배웠습니다.

27살, 광화문에 있는 큰 보험회사의 사명을 바꾸는 프로젝트에서 전사 직원의 새 유니폼 디자인을 맡게 되었습니다. 그 당시 청바지에 빨간 반팔 티가 저의 유니폼이었습니다. 오로지 앞만 보고 전진할 때였습니다. 국내 최고의 호텔 유니폼을 제작 납품하는 업체가 되었고, 전국에 새로 오픈하는 호텔을 모두 뛰어다녔습니다. 아니, 날아다녔습니다. 참 어린 나이였습니다. 대기업에서 운영하는 호텔의 프론트 직원 유니폼을 납품하자 세계 보험상까지 받으신 금융회사 회장님께서 부르셨습니다. 새 유니폼이 맘에 드신 것입니다. 광화문의 근사한 빌딩 3층에서 회장님을 뵌 첫날의 이야기입니다.

까만 코트를 입은 체격이 작은 회장님께서 멀리 서 계셨습니다. 떨리기도 했지만 눈부신 광채에 차마 똑바로 마주하지는 못했습니다. 흰색 모발에 검은 울 목도리로도 충분히 제 머리가 쭈뼛했고, 매서운 눈빛에 초긴장되었습니다. 얼마나 긴장하고 고요했는지 숨소리가 크게 들렸습니다.

"당신이 사장이오?"
"네."
겨우 대답했습니다.
"불타는 빨갱이를 아시오? 불타는 빨갱이를 찾아오시오!"

'음? 불타는 빨갱이? 그게 뭐지?' 하는 동안 제 입에서는 "네 감사합니다!"라고 말하고 있었습니다.

'스물일곱 살에 그 유명한 회사의 회장님 주문이라니!' 떨리지만 절호의 기회였기에 무조건 대답했습니다. 어떻게 나왔는지 모르게 비원 쪽으로 걷고 있었습니다.

'큰일 났다! 어떻게든 불타는 빨갱이를 찾아내야 할 텐데…'

걸으며 생각했지만 답은 없었습니다.

저도 모르게 엄마가 다니시는 동숭동 큰절 앞에 서 있었습니다. 밖에 차를 대고 내려드리기만 했던 절에 들어가는 것이 쉽지는 않았습니다. 용기를 내서 들어가 '관불심'의 딸이라고 말하고 법당으로 올라갔습니다. 삼배를 올리고 처음으로 부처님 앞에 앉았습니다. 독대를 청한 것입니다.

'부처님, 불타는 빨갱이를 알려 주세요! 꼭 성공해야 하는 일생일대의 찬스거든요!'

2시간이 지났을까요? 법당 안이 어두워져서야 일어섰습니다. 아무 말씀이 없으니 집으로 돌아갈 수밖에 없었습니다. 밤새 끙끙거리며 궁리를 해봤지만, 도무지 방법이 없었습니다. 기회는 왔는데 답을 구할 수 없으니 소용없는 일이지요! 오히려 힘이 쭉 빠졌습니다!

벌떡 일어나면서 생각났습니다! 답을 찾았습니다! 시장 문이 열리지 않은 새벽이었습니다. 아침 8시가 될 때까지 기다렸다가 두 영업부장에게 청계천 광장시장에서 만나자고 했습니다. 광장시장과 청계천 동대문 종합시장을 한 곳도 빠짐없이 돌아다니며 모든 빨간색 원단을 한 마씩 끊었습니다. 여름 겨울 원단 가리지 않고 빨강 비슷한 색은 모두 샀습니다. 한참을 돌다 보니 원단과 상관없이 빨간색은 약 20가지였습니다. 반복 또 반복되어 더 이상 구입할 필요가 없게 되었습니다. '아! 염색 스펙트럼이 여기까지구나!' 알게 되었습니다.

공장으로 돌아와 갓 전역한 직원이 있으면 앞으로 나오라고 했습니다. 아무도 없었습니다. 그러다 재봉 기술자 중에서 한 사람이 손을 들었습니다. 각을 세워서 군대 이불 접듯이 사온 원단 전부를 네모로 잘 개서 세우라고 했습니다. 빨강 빌딩이 두 채 세워졌습니다. 다음 날, 부장 두 사람에게 각각 한 채씩 조심스레 들려 회장님 방으로 함께 들어갔습니다.

깜짝 놀라신 회장님께서 잠시 표정을 정리하시더니 큰소리로 야단치듯이 말씀하셨습니다.

"아하! 이 사람 보게나! 이게 빨갱이야? 참 나! 나한테 한참 배워야겠구먼!"

넓은 사무실에 여기저기 던지기 시작하셨습니다. 당시 새롭게 건설 중인 강남빌딩의 하얗고 작은 모형이 여기저기 흩어져 있어 순식간에 하얀색과 여러 빨간색이 어우러져 미술 작품처럼 보였습니다. 여기저기 크게 던지시던 모습이 눈에 선합니다. 나중에 알게 된 일이지만, 그때 빌딩 2층에서 에스컬레이터를 타고 올라가면 건물 반 넓이의 큰 영업장이 있었습니다. 그곳 전면에 많은 여직원이 나란히 앉아서 고객 응대를 하였기에 그 광경을 상상하며 빨갱이를 던진 거였습니다.

그렇게 해서 그다음 날은 다크그레이, 또 다크블루 여러 가지 색상을 찾아오라고 하셨습니다. 힘들었지만 영광이었고 참으로 감사하고 행복한 일이었습니다.

"아줌마는 나한테 한 번 들어올 때마다 백만 원씩 내야 해! 아무것도 모르잖아!" 빙그레 웃으시며 말씀하셨습니다.
'그럼요. 천만 원도 적지요.'

그렇게 시작된 컬러 공부는 전국의 호텔 유니폼 업계에서 최고 매출을 일으키는 강자가 되게 하였습니다. 88올림픽이 열리기 전에 삼성동의 인터컨티넨탈호텔, 홍은동의 스위스 그랜드 호텔(현 힐튼 호텔) 그리고 리베라 호텔의 그랜드 오픈 유니폼 제작을 혼자 해내는 최고의 영광을 누렸습니다. 17년간 단독으로 보험회사 그룹 전사의 유니폼을 납품하는 업체로 회장님의 큰 가르침을 받았습니다. 아름답고 찬란한 수업이었습니다.

어두운 터널이 끝도 없이 이어지는 순간에, 세상 밖의 빛이 훤하게 보이기 시작하였습니다. 강점 5를 만나고 세상이 밝게 보일 때, 울산 큰아기 휴먼컬러 대표를 만나게 되었습니다. 부족한 컬러 공부에 목말라 있으니 우주에서 보낸 선물이었습니다. 줌 세상에서 큰소리가 들려왔습니다.

"대표님은 본질 컬러가 터콰이즈예요! 아이고 무시워라!"

뭔지도 모르고 신이 났습니다. 레드, 옐로우, 그린, 블루, 마젠타, 터콰이즈 등등 룰루랄라 신바람이 났습니다. 정확하게 나를 표현하는 컬러 테스트! 컬러는 나를 몽땅 그대로 읽어내고 표현했습니다. 이제는 컬러 해석으로 저와 함께 공부하는 백친들을 디자인합니다. 너무 재밌고 정확하게 분석해주니 모두 행복해합니다. 책 표지에도 작가와 맞는 컬러를 써주기도 하고 의상 컬러 성향도 제시해줍니다. 운명을 마음대로 운영할 수 있도록 미래 컬러도 알려줍니다. 컬러 브랜딩에 대하여 더 깊이 배우고 컬러를 가르치는 리더도 많이 탄생시키는 야무진 꿈을 꾸게 되었습니다.

'칼라'라고 하지 말고 '컬러'라고 하랍니다. 유쾌한 컬러 선생님 만세!

10

아픔이 나를 성장시킵니다

나에게 일어나는 모든 것은 나를 위함이다!

— 대행 스님

2013년 9월 25일, 인생 책을 만난 날입니다. 출판에 푹 빠져서 집 곳간에 있는 재산을 곶감 빼먹듯 모두 빼먹어 허덕이기 시작할 때였습니다. 어린이 그림책 100권을 엮어내고 경제적 어려움을 이겨내기 위해 폐업 신고를 냈던 유니폼 회사를 다시 열었습니다. 시대가 달라져서 신용보다 현금이었습니다. 식음료계 대형 프랜차이즈 투 톱, 두 개 회사에서 유니폼 제작 의뢰가 쏟아졌습니다. 오랜 시간 휴업했음에도 불구하고 천직인지 거액의 유니폼 요청이 밀려왔습니다. 하지만 원단을 현금으로 지급해야 하는 큰 벽에 걸렸습니다. 일억 오천만 원이었습니다. 당장 하루 이틀 안으로 거액의 원단값이 있어야 했습니다. 끙끙 앓다가 죽을 것처럼 숨이 막혀 왔습니다. 딱 3일 남았습니다.

두 아이의 유학등록금이 부담스러워 광화문 오피스텔에 출판사와 유니폼 회사를 한 사무실에 모아 두 가지 일을 보았습니다. 가장 작은 방에서 숙식하고 주말에는 친정에서 쉬고 지냈습니다. 몸은 지금 스트레스로 가눌 수 없을 정도로 기진맥진해 있었습니다. 더는 견디기 힘들어 남편에게 안양으로 데려다 달라고 부탁했습니다. 홈쇼핑에서 어린이 그림책 100권이 대박 판매가 되었을 때, 그곳 피디가 혹시 힘든 일이 있으면 가보라고 했던 곳이었습니다. 얼핏 생각이 떠올라 알려준 대로 가보았습니다. 안양에 있는 큰 절이었습니다. 그곳에서 매점에 꽂혀 있는 책을 만났습니다.

'나는 지금 죽을 만큼 삶이 고인데 고가 아니라니….'
'자유인의 길? 자유인이 되고 싶다! 나도!'

어떻게 해야 삶이 고가 아니고 자유인으로 살 수 있는지 알고 싶었습니다. 『삶은 고가 아니다』와 『자유인의 길』 두 권의 책을 사 들고 집으로 돌아왔습니다. 앉자마자 순식간에 읽어 내려갔습니다. 간절하게 삶은 고가 아닌 자유인이 되고 싶었습니다. 책에서 가르쳐 주는 대로 마음가짐을 그대로 따라 했습니다. 읽어갈수록 무릎을 칠 일이었습니다.

"어떻게 이런 책이 있을 수 있지? 왜? 이제야 온 거야! 왜?"

작은 책 역시 기적이었습니다. 단숨에 읽고 하라는 대로 마음 실행을 단단히 하였습니다. 마음이 편해지면서 일찍 잠자리에 들 수 있었습니다. 걱정을 놓아버린 것입니다. 무조건이라니, 믿고 놓으면 다 된다고 하시니 하라는 대로 했습니다. 왜냐면 무조건 꿈이 이루어지면 되는 것이니까요! 간절하고 긴박했습니다.

'앗! 바로 그거야! 영화처럼 도서 콘텐츠로 유니폼 제작하면 되겠네!'
눈을 번쩍 뜨며 엎드렸습니다. 해결할 수 있을 것 같았습니다!

책 100권의 '생각하는 크레파스' 투자자를 유치할 생각이 났던 것입니다.

영화사 하는 친구를 만났습니다. 투자를 어떻게 받는 거냐고 가르쳐 달라고 했습니다. 저를 빤히 쳐다보더니 대표는 반대한다고 말했습니다.

경험이 없고 마음 약한 저는 그 일을 절대로 할 수 없다면서, 먼 훗날 자신이 필요할 때마다 용돈 주듯이 보내 달라며 일억을 빌려주겠다고 했습니다. 다음 날 6개월 후에 쓸 자금이라면서 나머지 오천만 원도 가지고 회사로 찾아왔습니다. 그때 그일은 두고두고 제 마음공부의 표본입니다. 얼마나 감사하고 감사했는지 말로 표현할 수 없었습니다. 지금도 그렇습니다.

아픈 만큼 성숙해진다고 하지요? 아픔은 성장의 기회가 틀림없습니다. 우리에게 일어나는 모든 일은 우리를 위한 일임이틀림없었습니다. 이후로 정말 많은 기적 같은 일을 겪으면서 성장해가고 있습니다. 어떤 일이든 성장을 돕는 일이므로 무엇을알아차려야 하는지에 집중하게 되었습니다.

11

내 일은 내가 압니다

새롭게 시작하기로 결단하고 성공하려 한다면 진정한 변화를 해야 합니다. 진정한 변화를 위해서는 스스로 변화할 준비가 되어 있어야 합니다. 자기 안에서 감독이 되어야 하고 또 실행자로 임해야 삶을 경영할 수 있습니다. 변화하고자 할 때 필요한 신념은 지금 당장 변할 수 있다는 결단입니다. 바로 지금, 이 순간에!

또한 변화를 자기 자신이 책임지고 스스로 행해야 합니다. 바뀌어야 한다는 신념과 자신이 꼭 바꾸고야 말겠다는 신념입니다. 변화할 수 있다고 믿는 신념입니다. 내 일은 내가 가장 잘 압니다. 우주에서 보내는 메시지를 우리는 알아차릴 수 있습니다. '감'이라고 하지요! 어떤 일을 판단해야 할 때는 바로 앉아 고요하게 가슴에 그 일을 얹어 놓고 떠올려 봅니다. 무겁습니까? 어둡습니까? 불편함이 느껴지십니까? 그러면 부정적으로 보시면 됩니다. 가볍습니까? 경쾌합니까? 편안합니까? 밝게 느껴지나요? 그렇다면 긍정적인 답으로 아시면 됩니다. 자꾸 반복하여 연습하다 보면 누구나 저절로 알게 됩니다. 내 일은 내 안에 답이 있기 때문입니다.

자기 자신의 일을 가장 잘 아는 사람이 자기 자신입니다. 희망적으로나 절망적으로 정하는 것은 자신입니다. 기쁨도 슬픔도 자신의 몫입니다. 알게 되는 것도 자신이고 알게 하는 것도 자신입니다. 내 안에 있는 진짜 나와 하나 되어 자신의 신념으로 성장하고 변화하여 성공하시길 마음 냅니다.

내 일은 내가 압니다!

part 4

조율

조율은 이룬 것을 지켜줍니다.

Super Again

01

지속적인 변화에 성공할 수 있도록 하는 일이 조율입니다

위기에서 기회를 찾고,

자신을 만나, 새 길을 가겠다고 결단을 합니다.

변화해야 하는 자신의 신념을 점검합니다.

행동을 변화시키기 위해 조율을 합니다.

설사, 완성하였다 하더라도 그대로 유지하는 건 하늘의 별 따기입니다.

왜냐하면 고정된 것이 없기 때문입니다.

그러므로, 조율은 꼭 필요합니다.

조율은 원하는 상태를 그대로 유지하는 것을 말합니다.

행동을 변화시키는 가장 좋은 방법으로 유일합니다.

변화시켜야 하는 행동은 아주 지독한 고통과

새롭게 행동해야 하는 것은 큰 즐거움과 연결하는 것입니다.

쓴맛을 보면 다시는 하지 않게 됩니다.

어린이가 있는 집에서는 뜨거운 것에 대한 주의 교육을 합니다. 아이가 물 끓는 전기 주전자에 자꾸 관심을 가지면 엄마는 아이 손목을 잡고 "앗 뜨거워, 앗 뜨거워" 하며 뜨거운 곳으로 끌고 갑니다. 급기야는 뜨거운 온도를 느끼고 아이는 그 곁에 가지 않습니다. 겁이 많고 순한 아이는 그렇습니다. 하지만 고집이 세거나 호기심이 많은 아이는 엄마 몰래 손을 대고 맙니다. 집이 떠나갈 듯 울어대며 다시는 그 곁에 가지 않게 되는 경험을 하게 됩니다. 이해가 충분히 가실 것입니다. 이 경우를 인식하고 자기 자신에게 미리 뜨거운 맛을 보게 하는 것입니다.

피아노를 아무리 잘 맞춰 놔도 비가 오고 습해지면서 사용하는 시간이 조금 지나면, 조율했던 음이 변하여 다시 조율해야 합니다. 우리의 변화 행동도 이와 같습니다. 일정 기간에 반복해서 조율해야 바른 음을 유지할 수 있듯이 우리의 행동 습관도 똑같습니다. 조율에는 여러 가지 방법이 있습니다. 더욱 다양한 방법이 있지만, 제 경험을 기반으로 이야기해보겠습니다. 꼭 바꾸고 싶다면, 고통스러운 방법을 피하고 즐겁고 행복한 방법에 연결하는 것이 좋습니다. 자신을 조율했을 때, 가장 행복한 그림을 상상해보시기 바랍니다.

02

포기하지 않는 것이 성공입니다

성공하는 방법은 간단합니다. 오로지 한 가지 방법! 포기하지 않는 것입니다. 방법은 간단하지만, 실행은 어렵습니다. 하지만 될 때까지 방법을 찾고 또 찾으면서 그리고 될 때까지 해낸다면 반드시 성공하게 되어 있습니다. 여러 가지 경험에서 오는 삶의 공식입니다.

1978년, 될 때까지 노력해서 꿈에 그리던 성악과에 입학하게 되었습니다. 43년 만에 꿈을 이루기 위해 '성악 개인지도'를 받고 있습니다. 고등학교 다닐 때 배우고 교수님께는 배우지 못했습니다. 제가 원하는 발성법을 가르쳐 주실 지구에 계신 딱

한 분, 우리 스승님께 발성을 배우고 있습니다. 가난했던 성악과 대학생, 21살에 이루지 못했던 꿈입니다. 사랑하고 존경하는 발성법의 신, 우리 선생님께 발성 지도를 받고 있습니다. 독창회를 준비하고 있습니다. 70대이신 우리 선생님과 손잡고 마지막 무대에서 아름다운 노래를 함께 부르는 꿈을 꾸고 있습니다. 될 때까지 하는 것 중 하나입니다.

20대에 대한민국 최고의 호텔 유니폼 업체 사장이 되었습니다. 88올림픽 때 오성급 호텔 네 곳 중 세 곳의 유니폼을 모두 담당하는 영광을 누렸습니다. 최고 유능한 유니폼 회사가 되었습니다. 포기하지 않았기 때문입니다. 지금도 어떠한 어려움에도 포기하지 않고 22년째 출판사를 운영하고 있습니다. 꿈은 이루어집니다. 포기하지 않고 방법을 찾고 또 찾아 성장을 추구하기 때문입니다. 오늘도 도전하고 있습니다.

국내뿐 아니라, 세계 여러 나라에서 아픈 사람들이 찾아옵니다. 치매명의 김시효 원장에게 치료받기 위하여 미국, 영국, 중국, 일본 등 전 세계 각지에서 옵니다. 치매 없는 세상을 만드는 꿈을 꾸고 있습니다. 포기하지 않고 있습니다. 나날이 호전

되는 환자를 보며 연구하고 또 연구합니다. 휠체어를 타고 오셨던 어머님이 걸어오십니다. 걸어오셔서 감사의 선물로 '섬마을 선생님'을 불러주셨습니다. 전쟁 용사였던 90대 할아버님도 휠체어를 버리고 걸어 다니신다고 합니다. 따님의 포기하지 않은 효심이 전해 오는 기적의 소식입니다. '치매를 이겨낸 사람들의 이야기'를 책으로 펴냈습니다. 어떠한 어려움에도 포기하지 않습니다.

포기하지 않는 한 '성공'은 반드시 이룰 수 있는 꿈입니다. 지금 목에 차도록 힘들다고 느낀다면, 성공 앞에 있다는 증거입니다. 1원만 모자라도 1조 원이 못 되는 것, 1도만 모자라도 물이 끓지 않는 것, 우리는 완성되는 성공, 바로 앞에 서 있습니다. 멈출 수 없습니다. 포기하지 않는 것이 곧 성공입니다.

03

꼭 챙겨야 할 마음의 도구
'불퇴전'입니다

간절한 꿈을 이루기 위해서 꼭 챙겨야 할 마음은 '불퇴전'입니다. 뒤로 물러서지 않는 투철함을 꼭 마음에 새깁니다. 산을 오르는데 어려움이 왜 없겠습니까! 여러 번 오르락내리락해야 정상에 오를 수 있습니다. 정상에 오르고 싶은 마음은 모두가 간절합니다. 뒤로 가지 않는 마음, 불퇴전입니다. 오죽 힘이 들면 다 놔버리고 싶겠습니까! 힘들수록 한 걸음이라도 앞으로 전진합니다. 오늘 하루만 잘하면 됩니다. 또 하루 그리고 또 하루 전진입니다!

'살려고 하면 죽고, 죽을 각오로 덤비면 산다'고 이순신 장군께서 말씀하셨습니다. '죽을힘이 있으면 그 힘으로 살아 보자!'라는 마음으로 앞만 보고 살아냈습니다. 오로지 앞만 보니 다른 것은 보이지도 들리지도 않았습니다. 이래서 안 되고 저래서 안 된다고 하는 사람은 아직 덜 급해서입니다. 덜 간절하니 이것도 핑계 저것도 핑계가 되는 것입니다. 오로지 목표만 향하고자 하면 다른 것은 아예 보이지도 않았습니다. 누가 밥을 해 주는지도 모르고 밥하는 일도 잊어버리고 살았던 시간이었습니다.

마음의 도구 '불퇴전'을 확인하는 시간이 되시길 바랍니다.

04

가장 좋은 시간에 가장 좋은 방법으로
꿈은 이루어집니다

확언을 하고 100번 쓰면 꿈이 이루어진다고 합니다. 이루어집니다. 이루어진 것으로 상상하면 그대로 이루어진다고 합니다. 이루어집니다. 말하면 말한 대로 된다고 합니다. 말한 대로 됩니다. 그대로 된다고 믿으면 정말 그대로 되었습니다. 하지만 언제 어떻게 되는지는 알 수 없습니다. 저 또한 긴 터널 속에서 정말 힘들 때마다 원망스러웠습니다. '도대체 언제 되는 건데요?' 하면서 하늘을 바라본 때도 있었습니다. 너무하는 거 아니냐고 소리도 질러 봤습니다.

가장 좋은 때에 가장 좋은 모습으로 꿈은 이루어집니다. 위 암 수술로 삼 분의 이를 잘라낸 남편을 위하여 공기 좋은 큰 산 아래 오두막집이라도 있었으면 했습니다. 어두운 구름이 조금 이라도 걷히면 달방이라도 마련해야겠다고 마음의 준비를 하고 있었던 때였습니다. 간절한 소망이라선지 이루어졌습니다. 십 년 전부터 보낸 시그널이었지만, 그때는 들리지 않았습니다. 가장 어려운 때 절실한 휴식처가 필요할 때 천사를 보내주었습니다. 감사한 마음이 최고의 기도임을 알았습니다. 매 순간 보답하는 마음으로 착하게 살아갑니다.

언제고 반드시 옵니다. 우주에 던진 간절한 꿈은 꼭 이루어집니다. 어떤 방법으로든 가장 좋은 때에 가장 좋은 모습으로 이루어집니다. 저절로 만나게 됩니다. 목표를 향하여 매 순간 최선을 다하는 것만이 방법입니다. 언제나 긍정적인 마음으로 이루어진다고 굳게 믿고 힘든 시간을 기꺼이 잘 보내야 합니다. 임이 오시는지, 바람결에 구름 따라오시는지 잘 알아차려야 합니다. 절대 화를 내면 안 됩니다. 남을 원망해서도 안 됩니다. 가정에서 다툼의 소리를 내어서는 더욱 안 됩니다. 편안한 마음으로 느긋하게 후덕하게 품고 목표를 향해 가야 합니다. 이런저런 조금 불편하고 원치 않은 일이 오더라도 그저 미소로 넘겨야 합니다. 덕을 쌓으면 꿈이 곧 반드시 이루어집니다.

중국집에 가면 짜장면을 먹을지 짬뽕을 먹을지 주문을 해야 합니다. 가져다주겠지 하고 자리에 앉아 있다고 해서 음식을 주지는 않는 것처럼 우주에 원하는 꿈을 이야기해야 합니다. 주문하는 것입니다. 만일 주문하지 않고 바라고 앉아 있으면 우주에서 일을 만듭니다. 주문하게 하는 거죠! 그것이 바로 원하지 않는 실수로 실패하는 것입니다. 뒤집어야 다시 농사를 지을 수 있는 땅이 되듯이 말입니다. 가만히 있다고 되는 것은 아니니 홍수도 나게 하고 번개도 치고 변화를 할 수 있도록 만들어주는 것입니다. 다급하게 위기를 보내주기도 합니다.

05

가장 간절한 기도는
'감사합니다'입니다

남편의 암 수술 앞에서 온 우주에 닿는 간절한 기도가 무엇일까 곰곰이 생각해봤습니다. 암을 제거하고 다시 시작하는 마당에 어떤 기도를 해야 암과 영원한 작별이 될 것인지 곰곰이 생각해봤습니다. 원하는 것을 상상하고 이룬 것처럼 시각화하라는 책의 가르침대로 실천해봤습니다. 감사함이 몰려왔습니다. 이런저런 것도 더 이상 생각할 수 없었습니다.

"건강하게 해주셔서 감사합니다." "감사합니다." "감사합니다." "감사합니다." 쉬지 않고 감사함이 쏟아져 나왔습니다. 5년이 지나야 마음을 조금 놓을 수 있다는데 수술한 지 열흘 지나 복대를 두르고 세상 밖으로 나와 예약된 환자를 진료해야 했습니다. 걷기도 어렵고 수술한 곳이 아물지 않았지만, 진료해야 했습니다. 거동이 불편한 환자를 위해 왕진도 해야 했습니다. 피 흘리며 진료하는 남편을 도우며 의사에 대하여 다시 생각하게 되었습니다. 중한 환자가 되어서도 환자를 진료해야 하는 책임이 가슴 아픈 일이었습니다. 하지만 진료하는 것만이 살아 있다는 힘도 되었습니다. 살아 있다는 그것에 대해 감사함이 밀려왔습니다.

"걸어야 회복이 빨리 됩니다." 수술 한 날부터 걷기 처방이 나왔습니다. 아기 걸음마 하듯이 걷기 연습을 해야 했습니다. 추운 겨울이었기 때문에 퇴원 후 걸어야 할 곳이 걱정이었습니다. 충주에 있는 한 콘도의 복도가 생각났습니다. 아들과 함께 병간호를 시작했습니다. 걷고 또 걸었습니다. 억지로 걷는 걸음이 회복을 잘 시키는 것 같았습니다. 공기 좋은 산속을 걸으면 더 좋겠다고 생각했습니다. 오대산 전나무 숲을 매일 걸으면 최고의 치료가 된다는 지인의 안내에 따라 오대산으로 들어갔습니다. 절망했을 때 가장 큰 축복의 선물을 받았습니다. 창문을 열면 어마어마한 최고의 산 공기가 가슴 속 가득 찼습니다. 전나무 숲을 걸으며 계속 기도를 올렸습니다.

"다 낫게 해주셔서 감사합니다!" "감사합니다." "감사합니다." "감사합니다" 오천 번, 만 번, 한 시간, 두 시간 감사의 기도를 올렸습니다. 계곡의 물소리에 섞이기도 하고 바람 따라 산으로 흘러가기도 했습니다. 매일 아침 눈 뜨자마자 '명상'의 힘으로 종일 '감사합니다'의 날을 보냈습니다. 리듬에 맞춰서 하니 노래가 되었습니다. 간절한 기도가 되었습니다. '감사합니다'의 간절한 기도가 현실이 되었습니다.

06

작은 것이 작은 것이 아니고
큰 것이 큰 것이 아닙니다

운명을 바꾸고자 결단한 것은 생을 처음으로 포기하려는 자신을 보았을 때였습니다. 운명적으로 일어난 일이 틀림없었습니다. 어떠한 고난이 있어도 오뚜기처럼 긍정적인 성장을 추구하였습니다. 하지만 힘든 일을 겪으며 상당히 부정적인 신념을 갖게 되었습니다. 생각의 에너지 기준도 낮아졌습니다. 스스로 알아차릴 정도로 형편없이 어려운 곳으로 추락하고 있었습니다. 자신을 다시 점검해야 했고 건강도 챙겨보고 인간관계도 경제력도 시간도 인생 전반을 다시 관찰해봐야 했습니다. 결단해야 했습니다. 다시, 더 크게 성공하기로 했습니다. 단호했지만 유연하게 실행하기 시작했습니다. 결단하고 변화해야만 했습니다.

변화해야 한다고 결심하자 마치 기다렸다는 듯이 이런저런 일이 닥쳐왔습니다. 어려운 시험이 시작되고 상심이 컸습니다. 별일 아니게 작게 여긴 일이 큰일이 되어 재산을 송두리째 잃어버리는 일을 경험하게 되었습니다. 당장 회사 문을 닫게 되는 큰 위기도 닥쳐왔습니다. 하지만 바로 죽을 것처럼 무서웠던 일이 오히려 새 길을 가게 되는 계기가 되었습니다. 정말 작은 일이 작은 일이 아니었습니다. 또한 큰일도 큰일이 아니었습니다. 경험함으로써 신념이 생깁니다. 좋은 경험이든 나쁜 경험이든 경험으로 신념을 갖게 됩니다. 신념은 삶을 창조합니다. 작은 것부터 점검하고 변화하기로 결단했습니다.

당장 변화해야 살 것 같았습니다. 성장하기 위해 하나씩 변화시켰습니다. 될 때까지 멈추지 않았습니다. 초점을 맞추고 기어이 해냈습니다. 집중하고 몰입해서 현실이 되었습니다. 수없는 질문을 자신에게 던지고 답을 찾아냈습니다. 진정한 삶을 찾았고 시작했고 말하는 것 행동하는 것에 힘이 났습니다. 자신감을 느끼게 되었습니다. 미래의 주인공이 되었습니다. 결정하는 힘, 실행하는 힘, 집중하는 힘이 생겼습니다. 바닥까지 가본 사람의 몸부림은 결국 성공과 연결되었습니다.

알아차림에 대하여 끈을 놓지 말아야 합니다. 99.9Hz 방송을 듣고자 하면 99.9에 반드시 맞춰야 그 방송을 들을 수 있습니다. 조금만 빗나가도 들을 수 없지요. 우리의 마음은 고정됨이 없어서 성공의 주파수에 맞췄다가도 놓치곤 합니다. 그래서 조율이 필요한 것입니다. 항상 깨어 있어야 하는 이유입니다. 늘 자신을 지켜봐야 하고 끊임없이 자신과 대화해야 합니다. 묻고 답하는 것이 조율입니다. 자신을 사랑하고 관찰해야 합니다. 다독이고 설득하면서 잘 가게 해야 행복하게 살 수 있습니다. 고통은 잘못된 신념을 변화시키는 최고의 도구입니다. 조율하며 사는 것이 성공하는 방법입니다.

07

끝까지 가보기를 바랍니다

절벽에 서 있는 자신만 보였습니다. '어쩌다 여기까지 왔을까?' 하는 실망감에 망연자실했던 시간이었습니다. 되돌리고 싶었지만, 방법이 없었습니다. 궁리를 해봤지만, 답이 없었습니다. 절망의 숲에 갇혀 숨이 막힐 것 같았습니다. 죽는 길밖에 없었습니다. 삶을 마감하고 싶었습니다. 지금 생각해도 숨이 막힙니다. 그땐 그 방법밖에 없었습니다. 앞이 보이지 않았습니다. 어디로든 탈출하고 싶었지만 꼼짝할 수 없었습니다.

어둠의 하루하루가 가도 빛은 보이지 않았습니다. 모두 내려놓고 노숙자를 상상해봤습니다. 노숙자는 될 것 같지 않았습니다. 건강한 신체가 있으니 노숙자는 면할 수 있다고 판단되었습니다. '나의 끝은 노숙자인가?' 노숙자는 아니었습니다.

'그럼 어떻게 되는 거지?'

'노숙자는 안 될 자신이 있다면, 살아날 구멍은 있다는 것 아니야?'

그러자 아주 간신히 빛이 보이기 시작했습니다.

'그래! 원래! 없었잖아!'

'그런데 지금은 남편도 의사 면허증, 한의사 자격증 두 개나 있고! 건강한 두 아들이 있고! 다 잃었어도 나에게는 그동안 살아온 경험이 있어! 김치찌개도 잘 끓이고 된장찌개도 잘 끓여! 나는 할 수 있어! 그래! 다시 시작하는 거야!'

불이 꺼지려는 순간, 빛이 보이기 시작했습니다. 끝까지 가보라는 말, 책에서 읽은 그 한마디가 생각났습니다. 걱정만 하지 말고 끝까지, 갈 데까지 가보기를 바랍니다. 그래야 보입니다. 살아갈 수 있는 희망이! 어느새 어둠에서 나와 우뚝 서 있는 자신을 만나게 됩니다! 일어설 방법이 눈앞에 보이기 시작했습니다!

슈퍼 어게인! 출발!

08

믿는 것은 맡기고
잊어버리는 것입니다

생각하는 대로 되고, 상상하는 대로 되고, 믿는 대로 된다고 합니다. 맞습니다! 된다고 생각하면 반드시 되고야 맙니다! 간절히 믿는 대로 됩니다. 간절하게 믿는다는 것은 완전하게 믿는다는 것으로 연결됩니다. 완전하게 믿지 않는 상태는 믿었다고 생각해도 자꾸 걱정되는 것을 말합니다. 아주 작은 실오라기만큼이라도 걱정이 된다면, 그것은 온전히 믿는 상태가 아닙니다. 의심하는 것과 연결됩니다.

방법이 있습니다. 걱정이 올라오면 다시 굳게 믿는 것입니다. 그래도 걱정되면 믿고 놓는 것입니다. 놓는다는 것은 잊어버리는 것과 연결됩니다. 믿고 잊어버리는 것입니다. 걱정을 한다는 것은 잊지 못하고 자꾸 떠오르고 생각나는 것입니다. 90%는 믿어지나 나머지 10% 걱정되는 것은 온전히 믿는 것이 아닙니다. 방법을 알려드리면 생각날 때마다 반복하는 것입니다. 다시 믿고 놓으면 믿음이 92%가 됩니다. 또 생각나면 다시 믿고 놓습니다. 그러면 믿음이 95%가 됩니다. 또 슬며시 살짝 걱정되면 한 번 더 두 번 더 믿고 놓습니다. 그러다 생각나지 않으면 그것으로 온전히 믿는 것입니다. 가장 좋은 때에 가장 좋은 방법으로 간절히 믿고 놓은 꿈이 이루어집니다.

삶의 공식은 이유 여부를 따지지 말고 공식대로만 하면 산수 문제를 풀듯 원하는 삶을 살게 합니다. 그러니 더 깊이 더 이상 따지고 물을 것도 없습니다. 원하는 것이 있다면 원하는 것에 초점 맞추는 일에만 집중하고 몰입하면 답을 얻게 됩니다. 꿈꾸는 대로 이루고자 한다면 꿈꾸는 것에 몰입합니다. 그러면 되는 것입니다. 틀림없습니다!

09

대장부의 마음으로
물러서지 않습니다

대장부의 마음은 일비일희하지 않습니다. '통이 크다'라는 말이 있지요. 작은 일로 왈가왈부하지 않습니다. 골목길로 다니지 않고 큰길로 다닙니다. 엘리베이터를 빨리 닫으려고 서두르지도 않습니다. 원하는 대로 되지 않는다고 화를 내지도 않습니다. 대장부의 마음으로 오로지 원하는 목표를 향해 묵묵히 실행합니다. 하루하루 최선을 다하며 목표를 향해 갑니다. 성공은 포기하지 않고 느긋하고 후덕하게 대장부의 마음으로 꿈을 이루는 것입니다. 꿈꾸는 대로 이루어지는 삶을 '행복'이라 합니다.

왜 사냐고 제게 물으신다면, 저는 행복하기 위해 산다고 답하겠습니다. 행복하기 위해 성공하고자 합니다. 돈을 버는 것도 행복하기 위해서입니다. 일을 열심히 하는 것도 행복해지고 싶기 때문입니다. 가족을 지키고 자유로운 영혼으로 행복에 주파수를 맞추고 살고자 합니다. 그것이 가장 중요한 행복의 조건이기 때문입니다. 경제적 자유를 추구하는 것도 결국에는 행복을 지키기 위함입니다. 경제적 자유는 사랑하는 사람을 지킬 수 있습니다. 자유롭게 하고 싶은 일을 할 수 있게 합니다. 대장부의 마음으로 물러서지 않습니다.

대장부의 마음은 태어난 이유, 살아가는 이유, 행복해야 하는 이유, 사명을 다하는 마음입니다. 우주에 온 이유, 사명을 다하기 위함입니다. 탄생은 사명입니다.

10

이미 이루어진 것에 대하여
조율을 끊임없이 해야 합니다

열심히 일했지만 덜커덩 절벽 끝에 서 있게 되었습니다. 조율을 몰랐기 때문입니다. 늘 돈은 열심히만 하면 들어온다고 생각했다고 했지요? 최선을 다해 집중한 것은 모두 이루었기 때문에 더는 돌보지 않았습니다. 이미 내 안에 들어온 것을 유지하면 된다는 어리석은 신념이었습니다.

결혼해서도 성악을 포기하지 말았어야 했습니다. 또한 피아노 교실도 그만두지 말았어야 했습니다. 남성복도 유니폼 회사도 문 닫지 말아야 했습니다. 출판사를 인수하고 발행인이 되기 전에 다른 큰 출판사에 마케팅 직원으로 인턴과정을 겪어야 했습니다. 좋아하는 책을 내기보다는 많은 독자들이 원하는 책을 펴냈어야 했습니다. 하루에 300명이 넘게 오는 병원이라도 쉬지 않고 성장시켜야 했습니다. 입시제도를 견딜 수 없었어도 아이들은 부모 품에서 키워야 했습니다. 아무리 믿는 지인이 추천하는 작가도 평판이나 자격을 조심스레 점검해야 했습니다. 바빠도 건강검진을 게을리하지 말았어야 했습니다. 건강만큼은 자신하지 말라는 어른들의 말씀을 경청해야 했습니다. 자연재해 같은 큰 위기에도 끄떡하지 않는 단단한 채비를 해놔야 했습니다.

아프고 나서 깨달았을 때는 이미 지나간 정거장입니다. 성공하고 이룬 것을 항상 조율하여 지켜나가야 한다는 것을 깨달았습니다. 모두 잃고 나서야 알았습니다.

하지만, 잃은 것은 다시 찾아 세우면 되는 일입니다. 얻은 것이 많고 삶의 공식을 스스로 찾았으니 참으로 감사하고 감사한 일이 아닐 수 없습니다. 더구나 자연과 우주의 사랑을 듬뿍 받고, 상상하고 믿으면 그 이상의 선물을 받게 되니 얼마나 감사한지 모릅니다. 남은 시간을 세 배로 늘려 보은하고 있습니다.

조율은 꿈을 지켜주는 보살핌의 마음입니다.

내 삶의 주인이 되지 않으면
남이 내 인생을 지배합니다

여기에서 '남'은 사람도 되고 생물도 되고 물질도 됩니다. 내 인생의 주인은 '나' 자신입니다. 내가 주인입니다. 그 누구도 내 삶을 대신할 수 없습니다. 한순간이라도 내 인생을 놓치면 안 됩니다. 내가 내 삶의 주인임을 망각하는 순간 남이 내 삶을 지배합니다. 타인에게 끌려다니게 되어 내 삶이 피폐해집니다. 알코올중독에 걸린 사람, 패배감에 자신을 포기한 사람, 남의 평판에 크게 가치를 두어 눈치를 보고 사는 사람, 거짓말을 밥 먹듯이 하는 사람, 자신의 가치를 인정하지 않는 사람, 자신감이 없는 사람, 남이 시키는 대로만 하는 사람, 꿈이 없는 사람,

계획 없는 인생을 사는 사람 등 자기 삶을 남에게 뺏기고 사는 사람을 수없이 나열할 수 있습니다. 한마디로 자신이 자신의 인생에 주인임을 모르는 사람입니다.

자의든 타의든 언제나 일어날 수 있는 일이니, 정신을 바짝 차려야 합니다. '어떻게 여기까지 왔는가!' 하는 절망 앞에 선 자신을 보았을 때! 내 인생에서 나는 부재였음을 깨달았습니다. '그냥' 살았던 것입니다. 철저하게 생각하고 완벽하게 준비해도 모자랄 귀중한 삶을 남들이 하니까 '그냥' '저절로' '되겠지' 하며 살았던 것입니다. 내 인생에 주인은 없었습니다. 벼랑 끝에서야 자기 모습을 보았습니다.

알아차렸을 때가 가장 좋은 때입니다. 변화할 수 있는 적기입니다. 자신의 인생에 새 주인으로 살겠다고 결단하고 다시 시작할 수 있습니다. 자기 모습을 알아차리고 다시 시작하는 것입니다. 가슴 뛰고 행복한 삶으로 바꿀 수 있습니다. 변화하는 자신이 기쁘고 자랑스러워집니다. 주인으로 사는 하루하루로 행복한 삶을 살게 됩니다. 세상에서 가장 행복한 성공은 자기 삶의 멋진 주인이 되는 것입니다. 자신을 가장 사랑하게 됩니다.

다른 사람과 비교할 수 없는 차별화된 자신의 가치를 존중하면서 원하는 삶을 살게 됩니다. 삶의 주인공으로서 자기만의 최고 드라마를 만들어 가는 것입니다. 행복한 창조자로 살게 됩니다.

자신의 줄을 꼭 잡고 멋지게 살아 봅시다! 내 삶의 주인공으로!

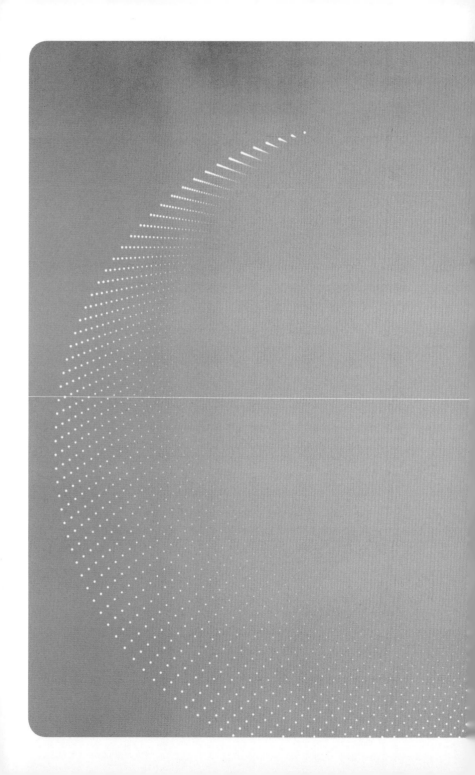

part 5

공식

법칙을 지키기 위해서 공식을 적용해보세요.

Super Again

01

삶에도 공식이 있습니다

삶에도 법칙이 있고 공식이 있습니다. 5에서 3을 빼면 2가 되듯이 삶에도 공식이 있습니다. 공식대로 살면 원하는 답을 얻게 됩니다. 독서를 통해서 배웠습니다. 경험하면서 배우고 터득하고 깨우친 것을 이야기했습니다. 제가 운영하는 독서 모임에서 여섯 명의 백친이 발표한 것입니다. 1년 가까이 함께 나누고 공감한 '삶의 법칙'입니다. '내마음독서하우투클라스' 마지막 수업에서 자신의 마음에 담긴 '삶의 공식'을 발표하는 수업의 풍경입니다.

조, 나에게 일어나는 모든 일은 나를 위함이다.

오, 행복에 주파수를 맞춰라.

김, 다른 사람의 성공에 미친 듯이 축하해줘라!

홍, 하늘이 감동하게 하라!

최, 큰 것이 큰 것이 아니고 작은 것이 작은 것이 아니다.

오, 나쁜 것이 나쁜 것이 아니고 좋은 것이 좋은 것이 아니다.

오, 사과는 사과끼리 배는 배끼리.

최, 위기는 기회다.

오, 오는 사람 막지 않고 가는 사람 잡지 않는다.

오, 나에게 오는 모든 아픔은 나를 위함이다.

최, 해뜨기 전이 가장 어둡다.

최, 바람이 불 때 연을 날려라.

오, 내가 행복해야 가족이 행복하다.

조, 나에게 일어나는 모든 일은 내가 만든 것이다.

장, 마음은 못 가는 곳이 없다.

장, 마음은 빛의 속도보다 빠르다.

조, 나는 내 드라마의 주인공이다.

홍, 삶도 일도 경영하라.

장, 책은 행복의 방패이다.

오, 독서가 살길이다.

조, 믿는다는 것은 우주에 꿈을 선포하는 것이다.

최, 생각대로 된다.

오, 실행이 바로 나다.

조, 문제가 있다는 것은 답이 반드시 있다는 것이다.

조, 통화하고 싶다면 수화기를 놓고 기다려라.

오, 짜장면인지 짬뽕인지 주문해야 온다.

장, 고통은 신이 주신 축복이다.

조, 모든 것이 자연이다.

02

생각대로 됩니다

88올림픽 준비에 적극적으로 참여했습니다. 삼성동에 세워지는 오성급 호텔 그랜드 오픈에 맞춰 전 직원의 유니폼을 제작해달라는 의뢰를 받았을 때 저는 작은 의원을 운영하고 있었습니다. 호텔에서 집까지 30분 정도 걸리는 직진 코스였습니다. 계속 직진하면 길 끝이 집 동네였습니다. 중간에 반드시 지나는 동네가 올림픽을 위한 선수촌이었습니다. 왼쪽은 올림픽공원, 오른쪽은 올림픽선수촌의 공사 현장이었습니다. 빨강 신호등에 걸려 차를 멈출 때마다 공사 중인 아파트를 바라보며 생각했습니다.

'둥그런 이 큰 상가에 우리 병원이 들어가면 얼마나 좋을까!'

'이 아파트에 가장 작은 평수라도 참 좋겠다!'

밖에서 올려다보며 생각했습니다.

그때는 실현 가능해도 먼 훗날의 일이라고 생각만 했을 뿐입니다.

"기백이 엄마 돈 얼마나 있어?"

단골 환자분께 전화가 왔습니다.

"병원 차리고 이사하고 돈 없는데요?"

"그거 다 빼면 얼마 돼?"

"네…? 팔천만 원이요."

"아휴~ 그거 가지곤 안 되겠네!"

며칠 후, 올림픽 상가 분양 사무실에서 계약하였습니다. 삼분의 일만 내고 꿈에 그리던 그 상가에 개인 병원을 내게 된 것입니다. 등기 후 은행 융자를 하는 것이 해결 방법이었습니다. 경험이 부족한 어린 나이에 제가 상상할 수 없는 기적이었습니다. 계약을 마치고 개원할 병원 현장을 확인한 후, 집으로 돌아오는데 1층 부동산 사무실에서 큰소리가 들려왔습니다.

"갑자기 이민 가시게 된 분 집이라 급매입니다! 이런 가격은 없어요! 조건도 바로 이전해주는 것이니 계약금만 있으면 나머지는 등기 치면서 은행 융자로 하시면 됩니다!"

부동산 안으로 나도 모르게 들어가고 있었습니다.
"사장님 그 아파트 어디예요? 제게 설명 좀 자세히 해주세요!"
무조건 우리 것이라는 생각이 들었습니다. 아무도 없는 상가에 쩌렁쩌렁 울렸습니다.

'너 이거 사라! 네 거야!'

지금은 없어졌지만, 운영하고 있던 병원 바로 앞에 은행이 있었습니다. 지점장을 찾아가 모두 말씀드렸습니다. 살 수 있는 방법을 찾아달라고 간곡히 말씀드렸습니다.

"담보가 하나 더 있으면 가능할 것 같은데요?"

이유는 묻지도 않았습니다.

"미분양된 상가가 많으니 더 알아보겠습니다!"

작은 상가 계약도 쉽게 허락되었습니다. 가지고 있는 팔천만 원으로 병원, 아파트, 상가의 주인이 되었습니다.

마이너스 7백만 원으로 시작한 결혼 살림이 6년 만에 큰 살림이 된 이야기입니다. 생각대로 된다는 것! 좋은 일에 아주 많이 쓰시기를 바랍니다. 참으로 감사한 일입니다. 하지만 한편으로는 무서운 일이기도 합니다. 나쁜 생각을 하면 나쁜 생각대로 되기 때문입니다. 절대 잊으시면 안 됩니다. 긍정적이고 미래지향적인 좋은 생각만 해야 하는 이유입니다. 참으로 경이롭고 무서운 삶의 법칙입니다. 우리는 행복한 창조자입니다.

생각대로 됩니다.

말한 대로 됩니다.

상상한 대로 됩니다.

03

행복에 주파수를 맞춰야 합니다

'나는 왜 사는 걸까?'

스스로 묻고 답했습니다.

'행복하기 위해서요.'

그 무엇과 상관없이 간절하게 무조건 행복해지고 싶었습니다. 사는 게 사는 것이 아니었습니다. 뭐가 뭔지도 모르고 열심히만 살았던 젊었을 때는 그런 대로 행복했습니다. 하지만 위기가 파도처럼 계속 몰려오자 사는 것이 지옥으로 변했습니다. 눈을 뜨는 순간부터 걱정이 시작되었고 불안했습니다. 자야 하는 시간에는 걱정에 지쳐 쓰러져 잠들었습니다. 언제나 해결해야 하는 문제로 불행했습니다. 어디서부터 실타래를 풀어야 할지 도무지 방법을 찾지 못했습니다. 하지만 방법을 알아야만 했습니다. 다시 일어서기로 결단했으니 세상천지 어디라도 가서 배워야 했습니다. 잘사는 방법에 대하여 알아야 했습니다. 모든 것은 무지에서 오는 거라는 것을 알아차리고 책을 읽고 또 읽었습니다. 그때 만난 또 하나의 책이 『유쾌한 창조자』였습니다. 행복해지고 싶었습니다.

태어날 때부터 아버지는 부재중이었습니다. 일 년에 두 번, 추석날과 음력 설날에만 볼 수 있었습니다. 어린 마음에 정말 싫었습니다. 전날에는 어김없이 아버지의 기사 아저씨가 갈비 한 짝과 배 한 상자를 가지고 왔습니다. 그것은 내일 아버지가 오신다는 예고입니다. 맨정신으로는 못 오니까 만취 상태에서 일단, 집 근처 단골 파출소 앞에서 소리소리 지릅니다. 거의 통행금지 시간입니다. 경찰 아저씨 두 분이 항상 양쪽 팔을 붙잡고 끌다시피 열려 있는 대문까지 모셔다 주었습니다. 해마다 똑같이 일어나는 명절 행사였습니다. 이로 인해 명절 증후군이 생겼습니다. 명절만 되면 가슴에 바람이 붑니다. 그런데 성장하면서부터는 명절이 아니어도 시도 때도 없이 슬픈 바람이 불었습니다.

이렇게 시작된 우울한 마음은 위기가 오고 고통이 오자 아예 어두운 넓은 호수로 마음에 자리를 잡았습니다. 부정적인 마음들이 모두 합심하여 본격적으로 마음을 누르기 시작하였습니다. 다시 일어서려면 그 어두운 마음을 밖으로 내보내야 한다고 결단했습니다. 주파수! 원하는 방송을 들으려면 그 방송의 주파수에 맞춰야 들을 수 있듯이 행복해지려면 행복에 주파수를 맞춰야 한다는 것을 깨달았습니다! 내 마음을 관찰하고 소중하게 여겼습니다. 어떤 마음인지 마음을 항상 주시했습니다. 조금이라도 어둡다 생각되면 바로 주파수를 행복에 맞췄습니다. 좋아하는 음료를 선물하기도 했고 잠도 푹 재웠습니다. 때로는 햇빛 찬란한 길을 걷기도 하고 좋아하는 음악도 들려주었습니다. 좋아하는 책을 읽었습니다. 와장창 청소해주기도 했습니다. 이 모든 방법으로 무조건 행복해질 때까지 행복에 주파수를 맞췄습니다.

그리고 내 안에 있는 진짜 나에게 맡겼습니다.

"나는 이제 행복해지고 싶어! 오랫동안 내 안에서 잘 지냈으니 바람아, 이제 네 갈 길로 가주렴. 믿는다! 잘 가!"

바람이 다시 찾아오면 또 말했습니다.
"아직도 거기 있구나! 바람아! 이제는 가라!"

또 찾아오면 다시 말했습니다.
네댓 번인가 작별을 고했더니 올 때마다 작게 잠시 머물다 가버렸습니다. 점점 더 약해지는 바람, 점점 더 오랜만에 오는 아주 잠시 왔다가 가는 바람을 느낄 수 있었습니다. 한참이 지나도 바람은 더 이상 오지 않았습니다.

단골손님이었던 '명절 증후군'도 '가슴에 불던 바람'도 없어졌습니다. '안녕'이라는 인사도 없이 사라졌습니다.

04

하늘을 감동시켜야 합니다

매일 아침 기상은 새벽 3시입니다. 다음 날 새벽 3시에 일어나려면 전날 저녁 8시, 늦어도 9시에는 잠자리에 들어야 합니다. 7시간 잠을 자야 치매예방이 된다는 남편의 지독한 감독으로 자야만 합니다.

3시에 일어나서 어제 하루를 비우고 간단히 세수하고 환하게 웃으며 거울에 비친 자신에게 인사를 합니다. 1분간 거울과 세면대를 닦습니다. 밖으로 나와 창문과 현관문을 활짝 열고 환기를 시킵니다. 늘 정리되어 있는 현관은 순식간에 정돈됩니다.

가장 편한 자리에 앉아 20분 동안 명상합니다. 마치고 하루에 필요한 비타민, 미네랄, 항산화제가 들어 있는 건강 주스 300ml 를 마십니다. 가장 좋아하는 책을 읽고 글을 씁니다.

4시 30분, 원교처럼 원교같이 월천하자! 100세 친구, 백친들과 공부합니다. 주옥같은 30분, 매일 성장을 점검합니다. 5시 정각에 부자들의 글쓰는 새벽 '부글새벽' 줌을 엽니다. 명상을 20분간 안내하고 100세까지 건강하게 하는 맨손체조를 15분 동안 함께합니다. 그리고 각자 글을 씁니다. 제가 20년 동안 350여 권을 출간하면서 개발한 '딱따라 책쓰기 비법'으로 자신의 경험이 돈이 되게 하는 작가로 안내합니다. 카톡만 할 줄 알면 작가가 되는 책쓰기 비법입니다. 100세까지 돈 버는 명강사로 가는 길입니다.

6시에는 개인 책과 공저 책을 쓰는 딱따라 책쓰기 수업을 합니다. 자신의 이야기와 콘텐츠에 대하여 글을 쓰는 백친들의 책쓰기 방입니다. 기간을 정해 놓고 세 명이 함께 집필합니다. 출간도 동시에 합니다. 혼자 가면 힘들어도 셋이 가면 즐거운 글쓰기가 됩니다. 7시에는 개인 브랜딩 코칭 시간입니다. 1인기업가로 나 홀로 비즈니스의 모든 것을 코칭하고 컨설팅합니다. 그야말로 퍼스널 브랜딩 일대일 수업입니다. 3개월 안에 모두 완성합니다. 휴일 없이 매일 줌으로 진행합니다.

8시, 다섯 개 수업을 모두 마치고 출근 준비를 하며 유튜브를 보고 듣습니다. 성장은 멈출 수 없습니다. 샤워할 때도 식사를 준비할 때도 그때그때 성향에 맞춰 시청도 하고 청취만 하기도 합니다. 때로는 음악을 들어 피로를 풀기도 합니다. 9시 출근이 목표지만 급한 전화를 받다 보면 9시 반, 10시도 됩니다. 하지만 9시에 맞추려고 최선을 다합니다. 병원에 출근하면 병원에만 몰입하자는 것이 원칙입니다. 다른 전화는 되도록 받지 않습니다. 병원 경영도 역시 1인기업가 나 홀로 비즈니스입니다. 철저한 경영을 위해 매일 공부하고 기획하며 실행합니다.

10시부터 진료를 돕는 건강디자이너, 간호조무사 최원교가 됩니다. 치매명의 김시효 원장을 돕는 일을 40년째 하고 있습니다. 전화 예약부터 약 배달까지 전 과정을 진두지휘합니다. 시차는 '가족 사랑' '아낌없이' 등 어느 한 단어도 막지 못합니다. 잠자는 시간을 제외하고 24시간 카톡과 함께 전 세계의 환자와

보호자 전화를 받습니다. 눈 뜨면 가장 먼저 하는 일이 환자 카톡 점검입니다. 최우선은 환자 관련 일입니다. 110만 이상의 다양한 진료에 참여했습니다. 서당 개 3년이면 풍월을 읊는 딱 그 정도입니다. 하지만 의료에 관련된 것에는 함부로 개입하지 않습니다. 오전에는 두 분에서 많으면 네 분 정도 진료합니다. 새로 오시는 환자가 계시기 때문에 촉각을 세우고 근무합니다.

12시에 점심을 먹습니다. 원장님과 스태프를 포함해 모두 네 사람입니다. 철저하게 가정식으로 자연 음식을 원칙으로 합니다. 최원교 요리사가 모든 반찬을 준비합니다. 설거지는 감사하게도 탕제실 과장님이 해주십니다. 참으로 감사한 일입니다. 2시부터 오후 진료가 다시 시작됩니다. 대체로 재진 환자입니다. 치매 예방 치료 프로그램 '청명'은 가을 하늘처럼 맑게 뇌를 건강하게 하자는 의미에서 이름 붙여졌습니다. 6개월 프로그램으로 '청명'을 복용하고 한 달에 한 번씩 방문하여 진료합니다. 제 역할은 엄마처럼 반갑게 맞이하고 호전된 것에 중점을 두어 칭찬해드리고 기뻐하며 축하해드리는 것입니다. 또한 훈훈한 이야기를 나누며 용기를 드리는 일입니다. '가족 사랑' '아낌없이' 두 단어를 소중하게 실천하고 있습니다.

오후 6시, 칼퇴근합니다. 집에 오면 7시, 서둘러 저녁 식사를 합니다. 가장 신나고 유일하게 쉬는 시간입니다. 하루 피로는 샤워로 풀고, 가장 작은 앉은뱅이 식탁에 삼찬 저녁상을 차립니다. 식사 때는 TV를 켜고 핫한 드라마를 잠시 남편과 함께 시청합니다. 딱 거기까지여야 목표 취침 시간인 8시를 지킬 수 있습니다. 하지만, 밥 먹고 바로 누우면 소가 된다는 엄마 말씀을 절대 잊을 수 없기에 출근할 때 돌려놓은 완성된 빨래를 개면서 드라마를 맛있게 봅니다.

늦은 나이, 63세에 바닥을 쳤으니 건강하다는 조건에서 일할 수 있는 시간을 계산해보면, 후하게 줘도 30년입니다. 하루를 삼 일처럼 살아 인생을 다시 산다는 결심을 했습니다. 30년을 90년처럼 살아보렵니다. 부의 추월차선도 물론이고 행복의 추월차선 그리고 건강의 추월차선을 동시에 달려야 합니다. 새벽 6시간은 하루입니다. 오전의 4시간은 새로운 가족을 위해서 이틀입니다. 오후 6시간은 우리 모두의 가족 건강을 지키기 위하여 삼일째로 활용합니다. 하루가 삼 일입니다. 하늘도 감동하여 매일, 매 순간이 기적입니다.

05

위기는 기회입니다

위기에 숨어 있는 기적과 같은 기회를 만나보신 적 있나요? 저는 만났습니다. 회생 신청을 하고 앞만 보고 달렸습니다. 슈퍼 어게인, 다시 도전하는 참가자를 보며 울컥했습니다. 오디션 프로그램을 보다 눈이 번쩍 뜨인 키워드입니다. 슈퍼 어게인! 탈락하고도 다시 도전하여 정상에 오르는 광경을 보면서 펑펑 울었습니다. 재도전 기회를 준 심사위원의 감격하는 모습 또한 놓치지 않았습니다.

내 인생은 회생 중입니다. 회사도 회생 중입니다. 일도 회생 중입니다. 삶도 회생 중입니다. 생각도 마음도 회생 중입니다. 슈퍼 어게인입니다. 절박함이 성장하게 합니다. 창조하게 합니다. 위기는 더 성장하게 하는 에너지의 원동력입니다. 안정되고 원하는 것을 가진 사람 대부분은 지키는 것에 초점을 맞추고 삽니다. 하지만 무너지고 넘어지고 엎어진 사람은 닥친 위기를 벗어나기 위하여 죽을 각오로 다시 일어서는 것에 목숨을 겁니다. 더 크게 성공하기 위해 자신을 돌아보고 나쁜 것을 버리고 다시 공부하고 채워 새 길을 떠납니다. 나누며 함께 성장하는 것을 배웠습니다. 혼자 가는 것보다 여럿이 함께 가니 외롭지 않고 든든합니다. 멀리 간다고 하지요.

성공하기 위해서는 자신이 경험하고 살아온 날들의 모든 것을 탈탈 털어 봐야 합니다. 거기서 자신의 가장 위대한 능력과 힘을 찾아냅니다. 울트라 슈퍼맨이 태어납니다. 회생은 빠르게 신의 한 수가 되었습니다. 더 크게 성장하고 더 큰 나무가 되는 기회입니다. 경제적인 것은 물론이고 마음조차 크게 성공합니다!

죽음까지 갔던 경험을 이야기하고 돕겠다고 했더니 어려

운 백친들이 점점 모여듭니다. 경험을 나누고 깨달은 '삶의 공식'을 나누니 백친들도 빠르고 무섭게 성장합니다. 마음이 하나가 되고 함께하니 우리 생각과 마음이 쑥쑥 자라 무성한 숲이 됩니다. 못할 것이 없게 되었습니다. 함께 배우면서 성장합니다.

생각지 못한 일들이 우주에서 몰려옵니다. 처음에 먼저 시작하고 나중에 일하면서 더 완성하자는 결단에 축복이 쏟아집니다. 꿈꾸던 일이 이루어지고 상상하지 못했던 기획들이 완성되면서 경제적 자유와 마음의 부자로 성공합니다. 기쁘고 보람된 일이며 인류를 위한 경건한 나눔이 되고 있습니다.

위기와 관련하여 두 가지 유형의 사람이 있습니다. 위기가 오면 망했다고 생각하는 사람과 위기는 다르게 살아 볼 기회라고 생각하는 사람입니다. 당신은 어디에 계시나요?

06

나쁜 것이 나쁜 것이 아니고
좋은 것이 좋은 것이 아닙니다

어떻게 나쁜 것은 나쁜 것이지 나쁜 것이 아니냐고 강하게 항의했었습니다. 그때를 생각하면 저절로 미소가 지어집니다. 관찰하기 시작했습니다. 내게 오는 일을 하나하나 자세히 보았습니다. 힘든 일이 올 때마다 크고 작은 성장이 있었습니다. 위기에서 벗어나려고 연구하고 노력했기 때문에 새로운 것을 알게 되었고 변화되었습니다. 덕분에 강제로 성장하였던 거지요.

만족하며 살았던 때에는 돈은 벌었을지 모르지만, 삶의 성장은 없었습니다. 오히려 퇴보했습니다. 제자리걸음은 퇴보입니다. 제 경험으로는 그랬습니다. 충분히 좋았던 그 시간이 안으로는 후퇴였습니다. 안정된 행복은 위기를 만드는 시간이었습니다. 참으로 중요한 이야기입니다. 큰 부자들은 부자임에도 끊임없는 도전과 노력을 한다고 하지요? 멈추지 않는 도전! 그 이유가 아닐까 합니다. 멈춤은 퇴보입니다. 만족은 도태를 만들어냅니다.

가족이라는 울타리에서 일어나는 부딪침은 만만치 않습니다. 육아부터 교육까지 가정도 작은 사회라 크고 작은 문제가 늘 일어납니다. 가족의 불협화 화음은 성장통으로 기꺼이 발전하기 위한 재료로 여겼습니다. '아! 또 다른 깨달음이 필요한 것이구나!' 그대로 받아들였습니다. 가정에 조화로운 평화가 있다면 그것은 축복입니다. 응원과 신뢰가 있으면 완벽한 조화입니다. 만일 가정의 침묵이 있어 그것이 외면이나 체념에서 오는 것이라면 최악의 불행입니다. 살펴봐야 합니다. 이런 이유로 나쁜 것이 나쁜 것이 아니고 좋은 것이 좋은 것이 아닙니다.

연이어 온 큰 파도는 인생 최대의 전쟁이었습니다. 그로 인해 크게 성장했습니다. 삶의 이치를 깨달았으며 가정의 혁신도 있었습니다. 사업 전반에 청소가 되었고요, 제 힘으로는 할 수 없는 총결산도 하였습니다. 새롭게 시작하여 크게 생각하게 하는 '신의 한 수'였습니다. 아픔보다는 오히려 크게 성장할 수 있도록 모든 것이 새롭게 구성되었습니다. 견뎌내는 힘을 넘어서 창조하는 힘을 갖게 되었습니다. 어떤 배움과 교육으로도 해낼 수 없는 기회였습니다. 실패란, 결단을 내린 사람만 얻는 것이라지요!

마음 선택 하나로 천국과 지옥이 결정되었습니다. 현실은 충분히 지옥이지만 스스로 천국을 만들 수 있습니다. 가능한 일일까요? 충분히 가능한 일입니다. 모든 것이 마음에 달려 있기 때문입니다. 자신이 만드는 지옥이고 자신만이 만들 수 있는 천국입니다. 저는 항상 천국에 있습니다. 천국에 있다고 생각하기 때문에 천국이 만들어지는 기적을 보고 있습니다.

07

해뜨기 전이 가장 어둡습니다

밤이 긴 겨울에만 해당되는 것이 아닙니다. 온 세상이 싹을 틔우는 봄에도 여름에도 가을밤에도 해뜨기 전이 가장 어둡습니다. 동이 틀 때마다 기적입니다. 하얀 목련이 필 때, 우리는 겨울을 무사히 견뎌냈다는 생각에 목련이 더욱 사랑스럽습니다. 꽃을 피우기 위해 얼마나 혹독한 고통이 있었는지는 아무도 모릅니다. 그냥 되는 것은 없습니다.

'세상에는 거저도 없고 비밀도 없다.'

– 대산 신용호

1도 차이로 100도가 되지 못하면 물이 끓지 않는다지요. 목까지 차서 죽을 것 같은 고통을 겪고 있다면, 성공이 바로 눈앞에 와 있는 것입니다. 제가 그랬습니다. 꿈에도 생각하지 못했습니다. 그러나 죽고 싶었습니다. 실행하고 싶었습니다. 부끄럽고 한심한 이야기입니다만, 그때는 그 생각을 하면서 버틸 수 있었습니다. 더 이상 살 수 없다고 모두 놔 버린 순간이었습니다. '정말 온몸 다해, 온 마음 다해, 열심히 살아온 나에게 왜 이래?' 하늘을 쳐다보고 물었습니다. 조각조각 더 쪼갤 수 없을 만큼 부서진 마음과 몸을 더 이상 어찌할 수 없었던 순간이었습니다.

사람으로부터 온 재해는 잘못한 것이 없었기에 당당하게 맞섰습니다. 연이은 남편의 위암 진단은 하늘이 무너지는 것 같았습니다. 아파 본 적 없는 건강한 남편에게 빨강 신호등이 켜진 것입니다. 절대 일어나서는 안 되는 일이었습니다. 기꺼이 받아들이고 자연으로 파고 들어갔습니다. 자연에 코를 박고 오로지 살아날 방법만 궁리했습니다. 그런데 나쁜 것만 있는 것은 아니었습니다. 12킬로 감량되었고 건강해진 것이 더 많았습니다. 생활 습관이 바뀌었습니다. 입맛을 생각하는 밥상에서 건강을 우선하는 밥상으로 바뀌었습니다. 이런저런 건강 상태가 최상급으로 좋아졌습니다. 덕분으로 제 건강도 좋아졌습니다. 무엇보다도 큰 선물은 병원에서의 환자 진료와 환자치료 패러다임이 바뀌었습니다. 암을 예방하고, 면역력을 키우고 지키고자 하는 진료에 더욱 집중하게 되었습니다. 나쁜 것이 나쁜 것만은 아니었습니다.

'해뜨기 전이 가장 어둡다!'는 것을 다시는 경험하지 못할 것입니다. 해가 떴기에 또다시 지고 해가 뜨는 것을 알아차리고 감사하게 여기며 지혜롭게 넘길 힘이 생겼기 때문입니다.

'더 배울 것이 있구나!'
'또 어떤 것이 문제가 있는 거지?'
'이 일은 어떤 깨우침을 주는 거지?'

자신에게 묻는 언제나의 해돋이가 되시길 바랍니다.

08

나에게 오는 모든 아픔은
나를 위함입니다

성장하게 하는 그것은 무엇일까요? 발전하기 위해 행동하는 그것은 무엇일까요? 결핍입니다. 꼭 필요한 것이 없거나 모자란 것은 고통을 줍니다. 고통과 아픔에는 성장이 뒤따릅니다. '아픈 만큼 성장한다'는 말이 있지요? 그렇습니다. 우리의 아픔은 성장통입니다. 그 어떤 것으로 크고 작은 귀한 성장이 있습니다. 위기에 기회가 있는 것 또한 같은 이야기입니다.

평소에는 모르고 지나갔더라도 부족한 것이 있거나 꼭 있어야 할 것이 있을 때 우리는 찾아 나섭니다. 아픔은 고통을 벗어나기 위해 고뇌합니다. 견디고 이겨냅니다. 크고 작은 아픔 속에서 오늘의 내가 있게 된 것입니다. 경제적으로 문제가 생기지 않았더라면 평생 경험한 것을 밑천으로 새로운 길을 선택하지 않았을 것입니다. 그랬다면 새 길에서의 행복도 찾지 못했을 것입니다. 기적의 축복을 만나지 못했을 것입니다. 생애 최대 아픔이었던 만큼 축복도 생애 최고입니다.

지나가 보면 모두 알 일입니다. 아픔이 컸던 탓으로 괴로운 마음에만 집중하게 됩니다. 안타까운 일입니다. 용기를 내고 좀 더 크게 생각하면 더 크게 성장할 기회가 주어집니다. 돈으로 인해 아픔이 있다면, 돈을 더 벌 궁리를 하면 됩니다. 거기에 성장이 기다리고 있습니다. 모든 부자에게는 아픈 성공 스토리가 있습니다. 이겨냈기 때문에 꽃을 피울 수 있었다는 것은 누구나 다 아는 이야기입니다. 모든 성공 스토리에는 반드시 상상하기 힘들었던 위기, 고통, 절망이 있습니다. 뚫고 이겨낸 사람들이 큰 부자이고 성공한 사람입니다. 세계적인 영웅, 손흥민 선수도 어려운 환경 속에서 포기하지 않고 노력하고 또 노력했기에 오늘에 다다른 거지요! 우리에게 감동을 주는 인간승리 스토리에는 누구에게나 큰 희망과 꿈을 주는 아픔이 있습니다.

조금 지치고 힘들 때는 지독하게 힘들었던 시간과 연결해 봅니다. 그 아픔에 스위치를 켜면 정신이 번쩍 나면서 동기부여가 됩니다. 인간은 망각의 동물이기에 죽을 만큼 힘들었던 아픔도 시간이 지나면 잊게 됩니다. 자신을 성장시키기 위한 지난 아픔은 두고두고 쓸 중요한 재산입니다. 조금 과할지도 모르겠습니다만, 어떻게 보면 지금껏 살아온 것이 아픔의 연속이었습니다. 아픔을 이겨낸 성장 덕분에 지금의 내가 있는 게 아닐까요?

제가 운영하는 '백디와 백친의 100세 인생' 오픈 방에는 올해 71살인 두 분과 75살인 한 분이 계십니다. 100세까지 돈 버는 책쓰기 브랜딩으로 영향력 있는 명강사가 되고자 있습니다. 하와이에서 50년 만에 귀국한 분은 40년 동안 간호사로 일했습니다. 최근에 7년 동안 운영하던 '케어 홈' 실버 요양원을 갑자기 문 닫게 되었습니다. 집주인의 일방적인 통보였습니다. 실망하지 않고 기회로 삼아 새 길을 떠나라는 신호로 받아들였습니다. 우리나라 간호조무사 자격증과 같은 하와이 CNA 학교에 교사가 되었습니다. 곧 학교도 세우게 됩니다. 그뿐 아니라, 자신의 모든 경험이 돈이 되는 70대 N잡러가 되었습니다.

또 한 분은 다섯 번의 죽음을 경험한 분입니다. 지독한 대상포진으로 식사도 못하고 외출은커녕 사회생활을 하지 못했습니다. 더구나 코로나로 가족의 도움 없이는 아무것도 할 수 없는 좌절된 상황이었습니다. 하지만 포기하지 않고 온라인 세상에서 다시 문을 열었습니다. 딸이 운전하는 차 뒷좌석에 누워서 켠 온라인 줌 강연에서 기적을 만나게 되었습니다. 새로운 인연이 시작되었습니다. 병원으로 초대되었고 사흘 만에 식사를 할 수 있게 되었습니다. 어디에서도 치료되지 않았던 병이 회복되었습니다. 건강한 몸이 건강한 정신을 만드는 거 아시죠? 자신처럼 아픈 사람을 위해 건강디자이너로 우뚝 섰습니다. 7개월 만에 성공했습니다. 월 억 매출을 향하고 있는 건강디자이너 1인기업가로 성장하고 있습니다. 경험이 돈이 되는 건강 메신저가 되었습니다.

또 한 분은 75세로 박사학위 논문을 쓰고 계십니다. 이것만 해도 어마어마한 도전입니다. 아주 특별한 분입니다. 수전증과 음성 장애를 배움으로 아픔을 딛고 일어선 분입니다. 왼손으로 오른손 팔목을 잡고도 이름 석 자 사인하기가 어렵습니다. 똑똑한 AI도 음성인식을 하지 못합니다. 그래서 손가락 하나로 지우고 또 지우며 컴퓨터로 글을 쓰십니다. 그래도 얼마나 감사한 일이냐고 말합니다. 끊임없이 말하기 연습을 했습니다. 떨리는 손 하나로『어머니 당신이 희망입니다』와『쪼가 있는 사람들의 결단』(공제)의 작가가 되었습니다. 최근에는『배움은 은퇴가 없다』를 출간했습니다.

나에게 오는 그 어떤 아픔도 모두 나를 위함입니다.

09

오는 사람 막지 않고
가는 사람 잡지 않습니다

인연은 쌀과 같은 것입니다. 인연이 있어야 사는 거지요. 좋은 쌀이 맛있는 밥을 짓습니다. 세상에 혼자는 없습니다. 우리가 밖으로 외출을 한다고 합시다. 지금부터 함께 생각해 보시기 바랍니다. 나가려면 옷을 차려입습니다. 옷은 누가 만들었나요? 또 신발을 신습니다. 신발은 누가 만들었을까요? 차를 타고 갑니다. 자동차, 전철, 버스, 자전거마저도 누가 만들었을까요? 심지어 걸어가는 길은요? 어떤 것 하나도 나 혼자 할 수 있는 것은 없습니다. 다른 인연이 만든 것입니다.

행복하게 하는 것도 인연이고 불행하게 하는 것도 인연입니다. 만나고 헤어짐이 우리 인생입니다. 사람으로 해서 울고 웃고 삽니다. 인연을 소중하게 여기고 잘 살아야 하는 것입니다. 그것이 행복의 전부라고 해도 과언은 아닐 것입니다. 가족은 더 큰 영향을 주지요. 만남이 만들어내는 세상은 무한대입니다. 수많은 만남과 헤어짐이 있습니다. 좋은 만남과 헤어짐이 있고 아픈 만남과 헤어짐이 있습니다. 울고 웃는 인연의 만남은 우리 인생에 참으로 중요한 것입니다.

희로애락을 만드는 것이 '만남'이라는 중요한 삶의 법칙을 깨달았습니다. '누구를 만나는가'에 따라 인생이 달라지는 것을 수없이 경험했습니다. 큰길을 잘 가다가 삼거리를 만난 것 같은 때가 있었습니다. 그때부터 인생이 달라진 것이 틀림없습니다. 1988년에 5,500세대가 입주하는 아파트 중심 상가에 개인 병원을 열게 되었습니다. 축복이었죠! 첫날부터 환자가 80명이 왔고 다음 날 또 다음 날 점점 더 크게 늘었습니다. 하루에 300명에서 600명 오는 병원이 되었습니다. 경제적 자유를 얻었고 집을 더 키워야 할 시기가 왔습니다.

그때 두 분의 환자로부터 제안을 받았습니다. 삼십 대 젊은 부인은 강남에 분양하는 아파트로 같이 가자 했고 우리 병원 옆에 가족처럼 지내는 사장님은 별세계를 소개하겠다고 했습니다. 그 별세계는 경기도 수도권 새 개발지로 아파트 뒤에 큰 산이 있는 아름다운 환경이었습니다. 항상 자연을 갈망하던 터라 강남보다 산이었습니다. 웃음이 나는 대목입니다. 두 곳 중 하나를 결정하는 데 5분도 채 걸리지 않았습니다. 누구는 친구 따라 강남 간다는데 우리는 친구 따라 산으로 가버렸습니다. 강남으로 갔으면 어떤 일을 겪었을지도 모른다고 크게 웃어버립니다.

인연은 왔다가 가면서 이런저런 흔적을 남깁니다. 만남으로 인해 성장할 수도 있고 실패할 수도 있습니다. 여러 사람의 추천을 받아 만난 작가의 인연도 삶을 송두리째 잃어버리는 일을 만든 계기가 되었습니다. 평생 억울한 누명으로 살아갈 뻔한 아찔한 일을 겪었습니다. 자식들의 인생에도 큰 영향을 주고 말았습니다. 인생 전체를 변하게 했죠. 아이들만 생각하면 가슴이 무너집니다. 하지만 더 이상 아픈 경험은 없습니다. 아이들에게도 더 큰 가르침은 없을 것입니다. 더 나은 세상에서 살고 있습니다.

삼십 년을 함께 일한 친구를 보내면서 많이 생각했습니다. '만남에는 태초에 헤어짐이 들어 있는 거였구나!' 환갑이 넘었고 할머니가 되었으니 은퇴는 당연했습니다. 예정된 일이었지만, 언제나 같이 있을 줄 알았습니다. 긴 시간 병원 운영을 도맡아 해줬던 터라 빈자리는 상상 초월입니다. 하필 가장 어려울 때 떠나는 친구에 대한 섭섭함은 긴 시간 잘 참아준 것으로 덮었습니다. '때가 되었구나! 지금이 가장 헤어지기 좋은 때!'라고 생각하였습니다. 처음부터 다시 시작할 수 있는 기회를 준 것임을 알아차렸습니다. 어려움에 닥칠 때마다 감사하는 마음을 키웁니다.

삶에 정답은 없습니다. 그러나 법칙과 공식은 있습니다. 법칙을 잘 알고 공식을 잘 적용하면서 무조건 행복에 주파수를 맞춰야 합니다.

'가는 이 잡지 않고, 오는 이 막지 않으니 삶이 여여하다.'
― 대행 스님

10

사과는 사과끼리
배는 배끼리입니다

과일 상회에 가면 배는 배끼리 사과는 사과끼리 진열되어 있습니다. 어느 상점을 가도 똑같습니다. 모두 배인데 사과가 하나 껴 있거나 그 반대일 경우도 볼 수 없습니다. 시골 장터에 가도 마찬가지입니다. 우리의 삶도 이와 같습니다. 배인데 사과 동네에 가서 산다면 어려움이 만만치 않습니다. 그곳을 나오거나 배로 변해야 합니다. 웃음이 나지요? 그렇습니다. 엄마가 항상 하시던 말씀이 있습니다. "백로야 까마귀 노는 곳에 가지 마라!" 어릴 때부터 들었습니다.

매일 새벽 5시, 부자들의 글 쓰는 새벽, '부글새벽' 모임을 운영하고 있습니다. 처음으로 책쓰기 강연을 했을 때 100명이 참가했습니다. 강연이 끝나고 채팅방에 88개의 후기가 밤늦게 까지 올라왔습니다. 가슴이 덜컹했습니다. 그중에서 가장 가슴을 아프게 한 후기가 있었습니다. 인터넷도 안 되는 곳 속리산에서 핸드폰으로 줌 강의를 들었다며 간절하게 글을 쓰고 싶다는 거였습니다. 어려운 사람의 가슴에 불을 댕겼다는 책임감으로 뭐라도 해야 했습니다. 매일 아침 약속을 지킬 수 있는 시간은 새벽 5시뿐이었습니다. 줌에서 불을 켜기로 결단했습니다. 88명에게 이메일을 보냈습니다.

1년이 지난 오늘도 매일 새벽 5시 줌에 불을 켜고 있습니다. 경제적으로 어려운 사람도 참여할 수 있도록 참가비는 월 만 원으로 정했습니다. '만'은 많은 것을 뜻하지만 한편으로는 가득하다는 의미도 있습니다. 가득 채워서 모두 주겠다는 뜻으로 고심 끝에 '만 원'으로 정했습니다. 또한 참가비로 가볍게 해서 편하게 들고 나게 하고자 하는 속뜻도 있었습니다. 많은 사람이 오갔습니다. 가는 이 잡지 않고 오는 이 막지 않으니 배는 배끼리 사과는 사과끼리가 자연스럽습니다. 소소한 인원이라도 뜻과 방향이 같으니 마냥 행복합니다. 30대에서 70대까지 나이와 상관없이 작가, 강사, 월 천 매출을 성공 달성한 여러분이 탄생했습니다. 그것으로 되었습니다.

행보를 편하게 하시기 바랍니다. 자신이 배인지 사과인지, 가는 길이 배밭인지 사과밭인지 아는 것부터 시작해보시기 바랍니다. 선택의 자유를 만끽하시기 바랍니다. 충분히 알아야 할 자유가 있습니다.

11

바람 불 때 연을 날려야 합니다

'물 들어왔을 때 배를 띄우라!'는 말과 같습니다. 바람이 불기 시작해서야 연을 날릴 생각에 연을 만들거나 연을 찾는다면? 바람이 지나가 약해졌거나 어떤 변화가 있을 수 있습니다. 또 거기에 맞추다 보면 처음부터 다시 시작해야 할 것입니다. 바람이 불 때 연을 날리는 것은 상식입니다. 그러니 연을 날리려면 미리 준비해 놓아야 하는 것은 당연한 일입니다. '준비된 자만이 복을 받을 수 있다!'라는 말을 들어 보셨지요? 그렇습니다. 우리는 연도 준비해 놔야 하고 배도 준비해 놔야 합니다. 그리고 바람 불 때 연을 날리면 쉽게 하늘 높이 오를 뿐 아니라 멋지게 연을 날릴 수 있습니다. 배도 튼튼하게 잘 말려 준비해 놓으면 물 들어왔을 때 안전하고 자신 있게 띄울 수 있는 것입니다.

오늘도 준비하는 하루입니다. 삶에는 수많은 공식이 있습니다. 마음에 박혀 있어 바로 튀어나오는 것만 정리해봤습니다. 시그니처 독서 프로그램인 '내 마음 독서 하우투 클라스'부터 '꿈꾸는 독서 하우투 클라스' '나비성 독서 하우투 클라스'까지, 사는 이야기 속의 공식을 함께 나눕니다.

"삶의 공식을 한 가지씩 말씀해 보세요!"

물론, 경험으로 알게 된 공식이지만, 외워서 바로 적용해보니 100% 공감되는 공식입니다. 문제가 생기면 삶의 공식이 바로 튀어나오고 반영됩니다. 마음공부는 이해하고 공감하고 실행해서 깨닫는 것도 있지만, 절대로 변하지 않는 법칙에서 나온 공식은 외워서 바로 적용하는 것이 좋습니다. 우리는 무조건 행복해야 하기 때문입니다. 우리는 사랑받기 위해 태어난 것! 맞습니다!

계속되는 삶에 깊이 감사합니다. 나에게 일어나는 모든 일은 나를 위함이니 행복에 주파수를 맞추고 무조건 행복해지기로 합니다. 가는 이 잡지 않고 오는 이 막지 않으면 물 흐르듯이 살아가게 됩니다. 상처받지 않고 자유로운 영혼으로 기적을 맞이합니다. 하고 싶은 것은 우주에 선언하고 믿고 열심히 실행합니다. 하루를 성실하게 살아갑니다. 새벽이 열리는 시간 20분 명상으로 모든 것을 맡깁니다. 모든 일은 나로 일어난 일임을 절대 잊지 않습니다.

'감사합니다'는 가장 강력한 최고의 기도입니다.

12

운이 좋은 사람이라고 생각하면
운이 좋은 사람이 됩니다

저는 운이 좋은 사람이라고 생각합니다. 왜냐면 운이 좋은 사람이 되고 싶기 때문입니다. 매일 아침 "나는 운이 좋은 사람이다"라고 자신 있게 세 번 외치고 운이 좋은 사람이 되었습니다. 실력보다 운입니다. 아무리 실력이 좋아도 운이 좋은 사람을 이길 수 없다고 합니다. 왜냐면 실력은 우리 인간이 하는 일이고 운은 우주에서 하는 일이기 때문입니다. 사람이 우주를 이길 수 없는 것은 너무나 당연한 이치입니다.

실력을 쌓기 위해 노력해도 운 좋은 사람을 이길 수 없다고 하죠. 운이 좋은 사람이라는 확신으로 아침마다 하루에 이루어질 일에 대하여 감사 말을 합니다. 매일 아침, 눈을 뜰 수 있음에 감사하며 욕실로 갑니다. 잠에서 깬 입안을 개운하고 맑게 청소하며 맑은 계곡물이라 상상하고 양쪽 눈에 냉수마찰을 합니다. 아름답고 좋은 것만 봐주는 감사함 또한 잊지 않습니다. 거울을 1분 동안 닦으며 그 안에 있는 자신을 보고 환하게 웃어 줍니다. 가장 먼저 만나는 자기를 흠뻑 사랑하는 시간입니다.

저녁 8시, 잠들기 전에 감사의 준비를 하면 내일은 새벽 3시에 어김없이 시작됩니다. 감사와 변화는 이른 아침에 시작됩니다. 내 안의 무한한 잠재력을 깨우는 새벽입니다. 상상만 해도 그 이상의 우주 에너지를 받는 기적의 새벽은 우리에게 모든 것을 허락합니다.

의미 있는 순간들은 아주 짧게 지나간다.
그 짧은 순간의 만남은 우리의 삶을 변화시키고
영원히 못 잊을 추억의 빛을 남긴다.
- 〈애나 앤드 킹〉 대사 중

part 6

명상

내 인생의 주인인 나를 만나는 명상입니다.

Super Again

01

나를 무조건 지지하는 우주,
명상이 답입니다

40세가 되던 해 '삶이 무엇인지? 어떻게 살아야 하는지?'에 대하여 알고 싶었습니다. 성실하게 앞만 보고 가던 제게 큰 의문이 일어나기 시작했습니다. '어떻게 사는 것이 잘사는 것인가?' 스승을 찾아 나섰습니다. 이유는 알 수 없지만, 갑자기 사는 것에 대한 두려움과 외로움 같은 것이 밀려왔습니다. 어디로 가고 있는지 모르는 자신에 대하여 마냥 슬펐습니다. 어디서 왔는지 모를 시가 쏟아져 나왔습니다. 시집 세 권을 엮었습니다.

55세가 되던 해부터 삶의 위기가 시작되었습니다. 왜 이런 위기가 온 것인지 알 수 없었습니다. 어떻게 해야 할지 몰라 헤맸습니다. 방황하고 절망했습니다. 또다시 스승님을 찾아 나섰습니다. 그때 만난 책이 대행 스님 저서인『삶은 고가 아니다』였습니다. 두 시간 동안 책을 읽으면서 모두 실행에 옮긴 책입니다. 완벽한 삶의 이치를 알려주었습니다. 마음도 공부해야 하는 것인지 처음 알았습니다. 제게는 종교가 아닌 삶의 방법을 알려주는 어머니의 말씀이었습니다.

준비된 자에게 스승이 나타난다고 하지요? 봄 어느 날, 20년 동안 살아온 자기 집을 못 찾는다고 진료하러 오신 환자분이 있었습니다. 그분께『삶은 고가 아니다』책을 드리고 싶은 마음이 자꾸 들었습니다. 조심스럽게 책을 드리자 빙그레 웃었습니다. 대행 스님의 제자라고 말씀하셨습니다. 제게 명상은 이렇게 조용히 당연한 모습으로 찾아왔습니다.

"그냥, 편한 자세로 앉아서 느긋하게, 두둑하게, 후덕하게, 만 생각하세요!"

제가 매일 하는 명상 전부입니다.

64살이 된 지금의 명상은 나를 무조건 지지해주는 우주, 명상이 제 삶의 답입니다.

02

삶도 일도
나 홀로 비즈니스입니다

예순두 살에 고아가 되었습니다. 지난 자신을 돌아보면 용사였습니다. '어떻게 하면 그렇게 힘센 용사가 될 수 있었을까?' 망설임이 없었고 무서운 것이 없었습니다. 하고 싶으면 어려움이 있어도 무엇이든 해냈습니다. 그 시간이 모두 '나 홀로 비즈니스'였습니다. 사랑하는 가족이 있지만, 생각과 결정은 혼자의 몫이었습니다. 회사에 수십 명의 동료가 있었지만, 혼자 책임져야 했습니다. 삶도 일도 외로운 1인기업가, 나 홀로 비즈니스였습니다.

치매 어르신 진료를 도우면서 어르신께 이렇게 말씀드립니다.

"따님이 전화했을 때, '엄마' 하면 '응' 하고 대답하시죠? 대답만 해주서도 훌륭하신 부모십니다. 오래오래 건강하게 대답해 주세요! 훌륭하신 것이 틀림없어요! 걸어오셨잖아요!" 어르신들은 환하게 웃으십니다. 자신감으로 치료에 적극적으로 참여하게 됩니다.

어려운 상황이 되어서야 '고아'가 되었다는 것을 알아차렸습니다. 평소에는 잊어버렸다가도 힘들 때는 더욱더 생각납니다. 엄마가 그립습니다. 나 홀로 비즈니스는 누구나 자각해야 하는 삶의 방식입니다. 하고자 하는 일과 삶의 방향은 언제든지 바꿀 수 있습니다. 깨어 있어야 합니다. 외부 환경과 다른 사람에게 크게 좌우되지 않습니다. 세상의 흐름이 더욱 표면적으로 나타나고 있습니다. 나 홀로 비즈니스로 살아가는 사람이 현저하게 늘고 있습니다. 더구나 팬데믹 시대가 오고 나서는 세 사람 중의 한 사람이 1인기업가, 나 홀로 비즈니스로 살아가고 있다고 합니다.

혼자서 세 기업의 모든 영역을 해결해야 하는 만큼 어려운 작업입니다. 더군다나 회사가 셋인 저는 매일 아침 일어나자마자 우주에 맡기는 명상은 필수입니다. 절대로 혼자 하는 노력만으로는 되지 않기 때문입니다. 명상을 시작한 지 얼마 안 되어 알게 되었습니다. 굳이 하루 일정을 정하고 시작하지 않아도 하루의 일과가 알맞게 흘러간다는 것을 알게 되었습니다. 미팅이 겹치게 되면 어느 한 곳에서 연락이 옵니다. 약속 지키기가 어렵게 되었다는 거지요. 상대방이 약속을 못 지키는 상황이면 상냥하게 받아주기만 하면 되는 겁니다. 이해가 가나요? 우주가 분명 지지하고 있음을 전적으로 믿게 되었습니다. 한 번도 어긋나지 않고 조화롭게 진행되는 하루를 보내고 있습니다. 나 홀로 비즈니스의 밥은 명상입니다.

03

상상할 수 없는
선물을 받고 있습니다

명상에는 여러 가지 방법론이 있습니다. 저는 잘 모르지만, 호흡에 집중하는 명상, 좌선으로 하는 명상 등 여러 방법이 있는 것 같습니다. 제가 하는 명상은 아주 편하게 앉아서 생각을 비우는 것, 그것뿐입니다. 생각이 오면 오는 대로 생각하고 흘려보내고, 생각하다 보면 생각하는 그것조차 잊어버리게 됩니다. 왔다가 저절로 갑니다. 오고 또 보내고 또 오고 보내다 보면, 어떤 때는 잠자리에 들기도 합니다. 자연스럽게 생각과 마음을 비우고 20분만 합니다. 처음에는 3분도 너무 길고 벅찼습니다. 좀이 쑤셔 눈 뜨는 날이 많았습니다. 1분씩 늘려갔고 20분이 새벽 시간에 적절했습니다.

걱정하는 마음도 없어졌습니다. 걱정하는 마음을 확언하는 것으로 바꿨습니다. '느긋하게' '두둑하게' '후덕하게'에 집중하고 명상을 하였습니다. 급한 성격을 변화시키고자 명상을 시작하기 전에 세 단어를 떠올렸습니다. 어느 때부터인가 서두르지 않게 되었습니다. 물 흐르듯이 안정되었습니다. 매일 아침 화두를 들고 명상으로 들어갑니다.

때로는 궁리하고 있는 일에 정답도 떠오릅니다. 명상을 하는 중 좋은 생각이 떠오릅니다. 제 생각이 아님을 잘 알고 있습니다. 자는 중에도 떠올라 메모를 합니다. 위기에는 다급한 만큼 귀속에 넣어줍니다. 음성으로 듣기도 하고 영상으로 보내줍니다. 향기로도 보내줍니다. 길을 가다 간판에서도 전해 받습니다. 우주의 기획은 기상천외합니다. 상상할 수 없는 기적을 선물합니다. 주말을 자연에서 보낼 수 있게 된 것은 분명 우주의 작품입니다.

남편의 건강이 우선이기에 마음을 간절하게 내었습니다.

건강해졌지만, 100세까지 건강하게 유지하는 것이 가장 중요한 일이라고 생각했습니다. 몇 십만 원이라도 들고 강원도로 나설 계획이었는데, 건강에 대한 고마운 마음을 낸 그다음 날, 귀인이 찾아온 것입니다. 함께 살자고 내밀어 주신 손을 감사히 잡았습니다.

'우주의 한 수'는 끝이 없습니다. 상상하면 오히려 손해입니다. 그저 맡기고 크게 웃습니다. 온종일 깨어 있어 우주의 신호를 놓치지 않으려 노력합니다. 한순간도 감사함을 잊지 않습니다. 작은 것이든 큰 것이든 감사한 마음도 끝이 없습니다. 가족이 화합하고 뜻을 같이합니다. 서로 사랑하고 애틋해야 합니다. 마음을 다하여 응원합니다. 깜짝 놀랄 일도 일어납니다. 걱정할 일은 일어나지 않습니다. 하지만 원하는 대로 되지 않는 일도 있습니다. 그러나 그 이유 또한 나를 위한 것임을 알기에 더욱 깊이 생각하고 방법을 찾습니다. 그 방법은 나를 더욱 성장하게 하는 기적이 되곤 합니다. 어려운 일은 반드시 제가 알아야 하는 공부거리입니다.

04

마음은 못 가는 곳이 없습니다

대화하기 전에 마음을 냅니다. 마음을 낸다는 것은 원하는 것을 말하는 것과 같습니다. 다만 소리 내지 않고 원하는 것을 말하는 것입니다. 생각하는 것일 수도 있고 마음을 먹거나 마음으로 말하는 것일 수도 있습니다. 말 없는 말입니다. 생소하겠지만 원하는 것을 소리 없이 말한다고 생각하면 간단할 것입니다. 상대방에게 말하기 전에 마음을 냅니다. 그러면 대화가 부드럽게 잘 되어 만족스러운 결과를 가져옵니다. 심지어 말하지 않아도 원하는 것을 상대가 먼저 말하기도 합니다. 말하려던 내용이 상대의 의견으로 자연스럽게 되는 일도 비일비재합니다.

마음은 못 가는 곳이 없기 때문입니다. 상대방의 마음과 내 마음이 하나가 되었으면 좋겠다고 생각해 보시기 바랍니다. 신기한 경험을 하게 됩니다. 아주 쉬운 것부터 실천해보세요. 알려드리겠습니다. 택시를 급하게 타야 하는 상황에 활용해보세요. 집에서 나가면서 '빈 차가 왔으면 좋겠다!' 하시고 거리에 나가시면 반드시 빈 차가 옵니다. 단, 꼭 빈 차가 온다고 믿어야 합니다. 간절하게 원하면, 차를 타려는 제 앞에 손님을 내려주는 차도 온답니다. 한 번도 실패한 적이 없었습니다. 복잡한 주차장에서도 마찬가지입니다. 입구로 들어가면서 "내 차는 항상 주차할 곳이 있어! 주차 마치고 나가는 차도 있어! 내 자리는 항상 있지!"라고 말하면서 들어가 보세요. 어제도 경험한 일입니다.

마음은 놀랍습니다. 누군가를 생각하고 있을 때, 그 사람으로부터 전화가 오는 경험을 해보셨지요? 마음은 못 가는 곳이 없습니다. 그러니 항상 마음을 잘 지키기를 바랍니다. 좋은 마음, 부드러운 마음, 착한 마음을 가져야겠지요. 긍정적인 생각, 긍정을 창조하는 말을 해야겠지요. 말을 하지 않아도 긍정적인 마음이 중요합니다. 그대로 전해지니 말입니다. 원하는 대로 이루시기를 바랍니다.

만날 수 없는 사람에게도 마음을 보내보세요. 과거에 미안했던 마음이 드는 사람에게 사과하는 마음을 보내보세요. 굳이 만나서 사과하지 않아도 됩니다. 사과하는 자신의 마음에 평화가 옵니다. 용서할 수 없는 사람에게도 용서하는 마음을 보내보세요. 평화롭게 지낼 수 있습니다. 힘든 일은 포용하는 마음을 가지길 바랍니다. 놀라운 경험을 하게 됩니다.

가족이나 자녀뿐 아니라 누구에게든 변화하고 성장하길 바라는 마음이 있다면 이 방법을 써보세요. 말로 하는 것보다 더 빠르게 뜻을 이루게 됩니다. 여기에 꼭 지참할 도구는 '믿음'입니다.

05

빛의 속도보다 빠른 것이
마음입니다

마음은 어디에 있는 것일까요? 가슴에 있는 걸까요? 머리에 있을까요? 마음이라는 것이 우리 몸, 어디에 있는 것일까요? 희로애락 사는 것이 전부가 '마음'이라고 합니다. 그러니 마음이 가장 중요한 것이지요. 더 이상 강조할 필요가 없습니다. 그 마음은 어떻게 생긴 것일까요? 온갖 경험으로 알게 된 것, 신념입니다. 그 신념은 좋은 경험과 나쁜 경험으로 알게 된 '확신'입니다. 좋은 신념을 갖고 사는 것이 '행복'입니다. 행복하기 위해서는 '변화'를 해야 합니다. 그 '변화'를 위해서는 알아차리고 '결단'을 하고 '실행'을 하게 됩니다. 마음이 가는 길을 따라가 봤습니다.

마음은 빛의 속도보다 빠릅니다. 마음은 못 가는 곳이 없습니다. 그러니 마음 씀씀이가 좋아야 합니다. 마음을 정화하는 방법이 '명상'입니다. 매일 아침 마음의 정화 운동을 하는 것입니다. 어디에도 얽매이지 않고 우주에 마음을 보내는 것입니다. 제가 하는 명상은 형식이 없습니다. 다리를 벌리고 앉는 것보다 오랜 시간 똑같은 자세로 앉아야 하니 정 자세로 앉습니다. 허리를 곧게 세우고 팔의 힘을 빼서 다리에 얹습니다. 편한 대로 합니다. 손바닥을 위로 해도 좋고 아래로 해도 좋습니다. 하지만 온 우주와 소통하기 위해서는 손바닥을 위로 보이게 하는 것이 좋겠습니다. 눈을 지그시 감고 집중합니다. 오는 생각을 그대로 지켜보고 있으면 어느새 구름처럼 흘러갑니다. 생각나면 생각나는 대로 흘러보냅니다. 어디에도 없는 '내 안에 있는 나'를 만나는 시간입니다.

하루가 시작되는 고요한 시간에 깨끗한 '나'로 우주에 안깁니다. 마음은 못 가는 곳이 없고 빛보다 빠르기에 원하는 삶을 상상하며 우주에 던집니다. 가장 좋은 때에 가장 좋은 모습으로 나에게 화답합니다. 그것이 무엇이든 간에 나에게 좋은 모습으로 오고야 맙니다. 삶이 '고'를 가지고 있게 되지 않습니다. 마음이라는 것이 만들어지기 전에 잘할 것이 있습니다. 생각이라는 것을 잘해야 하겠지요? 빛의 속도보다 빠르기 때문입니다. 찰나입니다.

06

말 없는 말이 더욱 강력합니다

버릴 수 없는 인연이 있었습니다. 선택할 수 없는 이별이 있지요. 분명한 것은 상대가 변화해야 하는데 대화를 할수록 멀어져갑니다. 말할수록 결과가 원하지 않는 방향으로 가게 되는 거지요. 속이 타고 안타까워 불행하기까지 합니다.

견딜 수 없어 절연할까도 결심해봤지만 그럴 수 없었습니다. 공부 과제임을 알아차리고 묵언수행에 들어갔습니다. 말 없는 말이 더 강하다는 것을 책에서 배웠습니다. '말로 표현하면 오해가 생겨서일까? 해석이 달라서일까? 서로의 입장이 있어서일까? 고집이 있어서 신념이 달라서일까?' 고민해봤지만 책에서 말하는 대로 무조건 해보기로 했습니다.

'내 안에 있는 자아와 상대 안에 있는 자아가 하나되어 내 바람대로 우리가 잘 되었으면 좋겠다라고 마음을 선포하는 것입니다. '말 없는 말'을 하고 또 했습니다. 10년 넘게 수없이 반복했습니다. 침묵했습니다. 어떻게 되었을까요? 처음에는 끄떡도 하지 않았습니다. 바위에 달걀을 던지는 것과 같았지요. 관계없이 실망하지 않고 강력한 침묵의 말만 보냈습니다. '너, 그렇게 하지 않았으면 좋겠어. 우리 잘 지내자. 사랑해!'

상식적으로 절대 이해할 수 없는 행동을 했지만, 날이 갈수록 아주 조금씩 좋아지기 시작했습니다. 원하는 그림으로는 도저히 그려지지 않을 것처럼 미비한 변화이지만 조금씩 바뀌기 시작했습니다. 아주 천천히요. 힘들고 답답했지만, 침묵으로 일관했습니다. 머리에서 분명 사리가 한 가마니 나올 거라고 확신했습니다. 보고도 못 본 척하는 수행, 저절로 입이 딱 벌어지는 상황에도 입을 꼭 다물었습니다. 이를 깨물었습니다. 매일 아침 상대의 성장하는 모습을 떠올리면서 '말 없는 말'을 전합니다. 여전히 진행 중입니다. 거의 다 왔습니다.

하고 싶은 말을 했더라면 완전히 삐뚤어진 관계가 되었을 것이 틀림없습니다. 제게 맡겨진 지독한 과제인 만큼 무척 고통스러웠습니다. 하지만 반드시 바르게 최고로 세워야 할 프로젝트라는 것이 틀림없었기에 믿고 될 때까지 했습니다. 성공하기 위해 포기하지 않았습니다. '말 없는 말'의 끝은 성공입니다. 원하는 대로 완벽하게 전해지기 때문입니다. 제가 더 열심히 실행했다면 결과가 더 빠르고 좋았을 것이 틀림없습니다. 문제는 제게도 있었기에 '말 없는 말'로 끊임없이 참회했습니다. 아주 조금씩이지만, 좋아지는 것이 틀림없었기에 분명히 끝은 있다고 믿고 또 믿었습니다. 10년 동안 한마음으로 지속적인 사랑의 마음을 보냈습니다.

꼭 한마음으로 사랑해야 하는 사람에게 '말 없는 말'을 보내 보세요!

246

07

내 몸은 내가 압니다

항상 몸을 살피며 지내고 있습니다. 40년 동안 다양한 진료 현장에 있었습니다. 아픈 것은 참지 말아야 한다는 것과 예방이 가장 중요하다는 것이 결론입니다. 세계 각국에서 치매 치료를 하러 오십니다. 타국 생활이 녹록지 않았을 것은 뻔한 일입니다. 스트레스가 만병의 근원입니다. 절대 타지 말아야 할 것이 치매의 바다로 가는 기차입니다. 수많은 병 중의 가장 무서운 병이 무엇일까요? 답은 '치매'와 '암'입니다. 그러면 둘 중에 어떤 병이 더 무서울까요? 여기에서 망설여집니다.

암 환자는 무엇이든지 환자 자신이 결정할 수 있습니다. 어떤 의사 선생님께 진료할 것인지부터 시작해서 처음부터 끝까지 자신의 의지로 건강을 관리할 수 있습니다. 치매는 다릅니다. 병의 초기에는 두려워하고 무서워하며 선택할 수 있지만 치매 바다로 가는 기차에서 내리지 못하면 병이 깊어질수록 아무것도 결정할 수 없게 됩니다. 가족의 도움 없이는 할 수 없는 것들이 점점 늘어나게 되지요. 안타깝고 무서운 병입니다. 무조건 예방이 답입니다. 그러니까 내 몸은 내가 알아야 합니다.

참지 말아야 합니다. 아프다는 것은 몸이 보내는 신호입니다. 견디고 이겨내야 하는 것은 마음이지 몸이 아닙니다. 내 몸은 항상 돌봐야 합니다. 자신이 해결할 수 있도록 자기 자신이 의사가 되어야 합니다. 스스로 해결하지 못하는 것은 참지 말고 병원에 가야 합니다. 해결될 때까지 문제를 풀어야 합니다. 몸에 대해서도 가장 잘 알 수 있는 것이 '명상'입니다. 눈을 지그시 감고 바로 앉아 고요의 평화가 올 때 몸에 균형이 깨져 있는 것을 잘 알아차릴 수 있습니다. 아픈 몸에 사랑을 보냅니다. 그래도 그 아픔이 사라지지 않으면 확인해서 답을 찾아야 합니다. 해결될 때까지 포기하지 말고 건강해지도록 끝까지 보살펴야 합니다. 지병을 만들지 않는 방법입니다. 명상 속에서 반드시 알아차릴 수 있습니다.

명상 속에서 몸의 순환을 체크합니다. 답답하기도 하고 아프기도 합니다. 즉시 해결해봅니다. 그렇게 해서 어깨결림, 다리 저림, 목 불편, 소화 기능 등을 고쳤습니다. 제 경험을 나눕니다. 명상 시간에 허리와 등을 출렁거려 보세요. 평상시와는 다른 엄청난 움직이는 무거운 에너지를 느끼게 됩니다. 많이 힘듭니다. 평소의 움직임과는 매우 다릅니다. 신기한 경험을 하게 되었습니다. 우리 또한 자연이기에 우주 안에서 자연 속에서 지켜지는 것이 아닌가 하는 생각입니다. 내 몸은 내가 알 수 있습니다.

08

무한한 우주는 나를 위해 있습니다

뒤돌아보면, 모두 감사한 마음뿐입니다. '마음'이라는 것이 얼마나 변화무쌍한 것인지 모릅니다. 모든 것이 절망이었던 때가 있었습니다. 더는 살아갈 희망이 없었던 깜깜 동굴이었습니다. 그 암흑조차도 감사한 마음이 드는 것은 무엇일까요? 벗어났기 때문입니다. 뚫고 나온 자신에게 죽음 같았던 그 시간조차 감사한 것입니다. 그로 인해 새 세상을 만나게 되었습니다. 더 이상의 아픔 없이 무한한 배움의 길을 가고 있습니다. 하루하루가 기적이고 깨달음입니다. 이 모든 것이 온 우주의 무한한 사랑 아니겠는지요!

자신을 바라보는 삶을 이렇게 이야기해봅니다. 광화문 네거리에서 태어난 지 석 달 된 강아지가 오십 년 동안 마음대로 헤매고 다녔습니다. 교통사고 한 번 나지 않았습니다. 아찔한 일입니다. 내일 일어날 일도 모르고 살아가는 '지금의 나' 또한 석 달 된 강아지와 다르지 않습니다. 벅찬 순간도 힘든 순간도 고정됨 없이 흘러갑니다. 간절한 마음으로 모두 다 내려놓습니다. 오로지 명상으로 깊이 들어갑니다. 나에게 오는 모든 것이 나를 위한 것이기에 감사한 마음뿐입니다.

기쁨도 놓고 두려움도 놓습니다. 아픈 마음도 놓고 행복한 마음도 내려놓습니다. 감사한 마음도 놓고 아쉬운 마음도 놓습니다. 오로지 우주에 맡기고 온전히 받아들입니다. 우주는 오로지 '사랑'만 보내옵니다. 알고 모르고는 개인의 몫입니다. 조금만 지나고 보면 참뜻을 알게 됩니다. 감사한 마음이 가장 간절한 기도입니다. 자신이 기도되고 기도가 자신이 됩니다. 명상이 구도입니다.

'나' 자신이 기도입니다. 무엇 하나 귀하지 않은 것이 없습니다. 행동하는 모든 것에 '우주'가 있습니다. 물 한 모금, 바람

한 점, 보이고 느끼는 것, 먹고 쓰는 것, 생각하고 상상하는 그 모든 것이 우주입니다. 그 모두에게 나를 맡기고 착하게 열심히 사는 것이 '기도'입니다.

09

나를 만나기 위한 시간입니다

바쁘게 살아가는 시간에 자신을 생각한다는 것은 참으로 어려운 일입니다. 종일 짜인 일과를 처리하기에도 바쁩니다. 매일 해결해야 하는 일로 정신없이 시간이 흘러갑니다. 지치고 힘든 몸으로 잠자리에 들기가 일쑤입니다. 매일 아침 간단한 세수 후에 가장 좋아하는 자리에 편한 방향으로 앉습니다. 유일한 시간입니다. 그 어느 것에도 방해받지 않습니다. 오로지 나만이 있어 나를 만나는 유일한 시간입니다. 새들도 잠들어 있는 시간입니다. 세상이 고요합니다.

생각들이 흘러 들어옵니다. 이런 일 저런 일 마음대로 왔다가 알아서 흘러나갑니다. 혼자 조용히 앉아 나 자신을 떠올립니다. 오로지 둘만의 세상입니다. 나 그리고 또 하나의 나, 둘만의 시간입니다. 다른 나에게 이야기합니다. 의논하고 응원합니다. 주고받으면서 좋은 생각도 떠오르고 조언도 해줍니다. 생각지 못한 기적을 만나기도 합니다. 이렇게 만들어진 것이 100세 라이프디자이너 최원교의 커뮤니티 '백디와 백친의 100세 인생' 오픈채팅방입니다. 100세 시대에 새롭게 시작하려는 '100세 친구' 백친들을 안내합니다.

새벽에 일어나 명상을 하면서 모든 프로그램을 만들었습니다. 카톡만 해도 작가가 될 수 있도록 혼자서 스스로 성장하는 글쓰기, '딱따라 책쓰기 비법'을 만들었습니다. '100세까지 돈 버는 책쓰기 브랜딩'을 세웠습니다. '딱따라 책쓰기' 수업을 시작해서 6개월 동안 작가 51명을 탄생시켰습니다. 거꾸로 원교 출판은 출판 계약과 동시에 책쓰기 수업을 합니다. 작가가 되면 명강사로 안내합니다. 누군가에게 꿈과 희망이 되는 크고 다른 야망 의자 유튜브 '크다야TV'를 개국했습니다. '100세까지 돈 버는 영향력 있는 명강사'로 안내하고 있습니다. 이를 위한 경제적 자유와 마음의 자유를 위한 '내 마음 독서 하우투 클라스'

'꿈꾸는 독서 하우투 클라스' 그리고 나 홀로 비즈니스를 성공시키는 '나비성 하우투 클라스' 독서 프로그램을 만들었습니다. 시대에 맞는 N잡러 비즈니스인 '백개EG' 100세까지 개성상인 정신의 E비즈니스 그룹을 만들었습니다. 월 천 매출 1인기업가로 탄생합니다.

이 모든 것을 배우고 익히며 실천하게 하는 '부글새벽'을 열었습니다. '부자들의 글 쓰는 새벽방'입니다. 새벽 5시 '명상'을 합니다. 20분 명상을 다 함께하고 15분 동안 100세 건강을 위한 아침 운동을 합니다. 나머지 25분은 책을 읽거나 글을 씁니다. 각자의 흐름에 맡깁니다. 혹은 수다 시간일 때도 있습니다. '꿈을 이루게 하는 삶의 공식, 슈퍼 어게인'에 대한 것을 꾸밈없이 나누는 시간입니다.

다시 크게 일어서기 시작한 지 1년, 일 년 동안 완성한 일입니다. 8개월 동안 열심히 공부한 결과, 두 분 백친께서 월 천 매출을 달성하고 경제적 자유와 마음의 자유인으로 재탄생했습니다. 또한 세 분의 백친께서는 딱따라 비법으로 개인 책을 내고 훌륭한 작가가 되었습니다. 이제 시작입니다. 슈퍼 어게인 백친 만 명이 되는 날까지 행복하고 감사한 명상에 들어갑니다.

100세 라이프디자이너의 사명입니다.

10

믿기만 하면 원하는 삶보다
더 큰 삶으로 이끌어 갑니다

원하는 꿈이 있습니까? 바라는 것이 있지요! 잘 되어 가고 있나요? 만일 간절히 바라는 것이 있다면, 이미 되었다고 믿어 버리세요. 간절한 만큼 조금도 의심하지 마시고 완벽하게 믿어 주시기 바랍니다. 그리고 되었을 때처럼 생각하고 떠올리고 아예 잊어버리세요! 망각이라는 것은 강력한 믿음입니다. 원하는 대로 꿈꾸는 대로 살게 됩니다. 더 큰 선물을 받게 됩니다.

자신 있게 말할 수 있는 이유는 제가 경험해 봤기 때문입니다. 저와 함께 공부하는 백친들도 경험하고 있습니다. 매일 새벽에 벅찬 경험을 서로 이야기합니다. 공식으로 받아달라고 요청했습니다. 경험한 것이니 그대로 실천해보라 권했습니다. 믿고 실행해보니 알게 된 것입니다. 직접 경험해 보니 확실히 깨닫게 된 것이지요. 삶의 공식으로 받아들여 보세요. 매일매일 경험해 보시기 바랍니다. 원하는 그것이 잘 안 된다고 우울해하지 마세요. 그 시간에 더욱 간절히 맡기고, 이뤘다고 감사해하며 상상하고 온전히 믿으세요. 그리고 잊어버리세요! 걱정되는 마음이 올라오지 않을 때까지 반복 또 반복합니다. 더 이상 생각나지 않게 되면 다 된 것입니다!

돈도 들지 않고 힘도 들지 않습니다. 그냥 믿고 해보시기 바랍니다. 간절히 원한다면 그만큼 무조건 믿으세요! 성공한 사람처럼 행동하세요! 생각한 대로 됩니다. 말한 대로 됩니다. 원하는 삶을 살게 됩니다. 경제적인 자유, 마음의 자유를 누릴 수 있습니다. 우리가 원하는 대로 모두 돕는 '우주'이기 때문입니다. 믿기만 하면, 우리가 주문한 것에 더 큰 선물을 얹어 더 위대한 삶으로 안내합니다. 상상하지 못했던 더 큰 세계로 안내합니다.

불과 1년 전만 해도 몰랐습니다. 기상천외한 선물이 오게 될지 전혀 몰랐습니다. 어느 날은 명상하면서 하염없이 눈물이 흘렀습니다. 더 이상 나오지 않을 때까지 뜨겁게 울었습니다. 마음이 평온해지며 온몸이 뜨거워졌습니다. 천천히 편안해졌습니다. 엄마 품의 아기처럼 안전해졌습니다.

41년 만에 200명 관객 앞에서 한국 가곡을 부르게 되었습니다. 초청한 분께서 연주복을 선물해주셨습니다. 아름다운 왕관도 보내주셨습니다. 전혀 예측할 수 없었던 우주의 선물이었습니다. 내년을 약속했습니다. 독창회를 준비하고 있습니다. 후회 없는 삶을 살게 되었습니다. 이 꿈은 항상 언제라도 제대로 성악 개인지도를 받고 반드시 예술의 전당에 서겠다고 우주에 마음을 낸 화답입니다.

새로운 세상을 만나게 되었습니다. 새로운 사람들과 행복한 삶을 살게 되었고, 모든 것에 감사합니다. 원하는 삶을 살게 되었습니다. 바라는 그 이상의 선물을 받았습니다. 100세 인생함께할 친구들과 경험을 나누게 되었습니다. 제 인생에 예상치 못한 과분한 선물입니다.

11

나는 사랑받기 위해
태어난 사람입니다

파도를 만나고 나서야 알았습니다. 사랑받기 위해 태어났
음을요. 우리가 모두 잘살기 위해 태어난 것임을 알았습니다.
각자의 컬러로 각자의 강점으로 우리는 삶을 통해 알아가는 것
입니다. 어려움을 이겨내고 더 큰 사람으로 성장하자고 결단했
을 때, 『좋은 기업을 넘어서 위대한 기업으로』라는 책 제목이 생
각났습니다. "열심히만 해서는 안 되고 잘해야 한다"는 조언도
생각났습니다. '도대체 어떻게 살아야 잘사는 것인가!'에 대하여
깊이깊이 생각했습니다. 책 속에 길이 있었습니다. 궁금한 것에
대한 답과 모르는 것에 대한 정답은 모두 책 속에 있습니다.

질문하면 족집게 과외 선생님이 말씀해주시는 것처럼, 궁금한 것이 있는 그때 만나지는 책 속에 정답이 있었습니다. 신기한 일입니다. 유튜브를 우연히 보다가도 무심히 보는 드라마로도 전달이 됩니다. 길이 점점 명확해지고 꿈꾸는 일들이 눈앞에 펼쳐졌습니다. 어떤 때는 진행하는 자가 아닌 지켜보는 이가 되는 착각도 일어납니다. 사랑받고 있는 확신이 들었습니다. 온 우주에서 우리가 필요한 것은 어떠한 경로로든 보내주는 것이 틀림없습니다.

생각하는 것에 집중해야 했습니다. 자칫 잘못 생각하면 큰 낭패였습니다. 무조건 긍정 모드로 조율합니다. 혹시 부정적인 생각이나 말이 나오면 큰일 나는 것이었습니다. 그러니 종일 미소로 화답합니다. 줌 수업을 할 때는 줌 화면을 거울로 삼아 웃는 얼굴을 지켜냈습니다. 새벽에 눈 뜨자마자 운을 만드는 1분을 실행합니다. 모두에게 나누고자 하여 배움의 자리를 만들었더니 배우러 오는 분께 오히려 배우는 우주의 교육이 시작되었습니다. 모든 것이 축복입니다. 아프게 하는 인연도 큰 깨달음을 주었습니다. 더 큰 사람이 되게 합니다. 좋은 사람을 넘어서 위대한 사람으로 만드는 교육과정입니다.

하루하루 받는 사랑을 더 많은 백친들과 나눕니다. 나누면서 사랑도 더욱 커지고 깊어갑니다. 따뜻한 태양이 되어 만물을 비추는 사랑은 끝없는 배움입니다. 어두운 날도 비 오는 날도 태양은 뜹니다. 보이고 보이지 않는 것은 우리 마음입니다. 모든 것은 자신이 태어났기 때문에 생긴다고 했습니다. 그러니 모두 내 탓이지요. 가슴에 새긴 말입니다. 그리고 멋진 이 한 문장을 실천합니다.

'삶이 언젠가 끝나는 것이라면,
삶을 사랑과 희망의 색으로
칠해야 한다.'

― 샤갈

매일 죽고 매일 새로 태어납니다

코로나로 세상을 떠났다는 비보를 듣는 일이 흔해졌습니다. 기회가 있을 때마다 감사하다고 사랑한다고 존경한다고 말씀드린 분이 계십니다. 2021년 2월 10일, 처음 만났습니다. 주고받은 문자를 보니 일 년이 되었습니다. 마지막이 될지 모르고 보낸 인사 문자의 날짜는 2022년 1월 24일 월요일 아침 7시 52분이었습니다. 매일 아침 오전 6시에 하루도 빠짐없이 복되고 희망찬 카드 뉴스를 보내주셨습니다. 백 세까지 건강하고 행복하게 함께하자는 약속을 지키지 못했습니다. 건강하고 힘찬 분으로 늘 곁에 계실 거라고 믿었습니다. 마음뿐이지 감사함을 제대로 전하지 못했습니다. 언젠가 꼭 자리를 만든다고만 생각하고 있었습니다. 이제 더 이상의 기회는 없습니다.

평소 스승님의 사랑을 받던 이들로부터 연락이 빗발쳤습니다. 이구동성으로 황망하기가 말할 수 없다는 것입니다. 이심전심으로 서로에게 위로를 건넵니다. 어디로 가면 만날 수 있을 것인가에 대한 허무한 작별을 허공에 던질 뿐, 모두가 큰 슬픔에 잠겼습니다.

"어떻게 하지요? 어른이 안 계시면 곤란해요."
"큰 산이었는데 어떻게 살아가죠?"

그날의 감사함은 그날 전하기로 합니다. 지금 여기 이 순간의 마음을 바로 전하기로 합니다. 부모님과 스승님은 우리의 속도에 맞춰 기다려 줄 수 없다고 하십니다. 저는 이 어이없는 안타까운 이별로 결단하였습니다.

석가모니는 인간을 다섯 가지 유형으로 나눴다 합니다.
첫째, '이 사람이 없으면 곤란하다'고 여겨지는 사람
둘째, '이 사람이 있었으면 좋겠다'고 여겨지는 사람
셋째, '이 사람은 있어도 그만, 없어도 그만'이라고 여겨지

는 사람

넷째, '이 사람은 없었으면 좋겠다'고 여겨지는 사람

다섯째, '이 사람은 차라리 죽었으면 좋겠다'고 여겨지는 사람

부족하지만, 저도 첫 번째 사람으로 남겨지는 사람이 되도록 하겠습니다.

여러 번 중복해서 드린 말씀도 있고 여러 번 예로 쓰인 이야기도 있습니다. 그만큼 중요하고 삶의 공식 여러 가지에 해당되어 고치지 않았습니다.

어둡고 힘든 일, 어떤 일에도 삶의 공식을 적용하여 행복해지시길 마음냅니다.

2022년 6월

우주에서 보낸 꿈을 이루는 기쁨의 집, 평창에서

100세 라이프디자이너 최원교

꿈을 이루게 하는 삶의 공식, Super Again을 쓰게 한 책 중,
본문에 게재된 책입니다.

미당서정주 시선집 / 김화영 / 시와

1시간 만에 배우는 딱따라 책쓰기 비법 / 최원교 / 공감

산시 / 이성선 / 시와

생각하는 크레파스 / 화리데 칼라트바리 외 / 큰나

닐루화루의 미소 / 아크람 거셈푸르 / 큰나

미술 선생님과 화가 / 알리 아스가르 쉐예드어버디 / 큰나

삶은 고가 아니다 / 대행 스님 / 한마음선원

상처받지 않는 영혼 / 마이클 A. 싱어 / 라이팅하우스

유쾌한 창조자 / 체리&에스터 / 나비랑북스

어웨이크 / 박세니 / 책들의 정원

국물 이야기 / 문형동 / 마주한

정리형 인간 / 캐슬린 켄달 택케트 / 큰나

어머니 당신이 희망입니다 / 김인숙 외 / 큰나

소주 한 잔 합시다 / 유용주 / 큰나

한 단어의 힘 / 에번 카마이클 / 한빛비즈

매일 아침 1분으로 부자 되기 연습 / 미야케 히로유키 / SAMJIBOOKS

자유인의 길 / 대행 스님 / 한마음선원

좋은 기업을 넘어서 위해한 기업으로 / 짐콜린스 / 김영사

치매를 이겨낸 사람들의 이야기 / 김시효 / 공감

꿈을 이루게 하는
삶의 공식
Super Again

초판 1쇄 인쇄 | 2022년 6월 10일
초판 2쇄 발행 | 2022년 7월 17일

지은이 | 최원교

펴낸이 | 최원교
펴낸곳 | 공감

등   록 | 1991년 1월 22일 제21-223호
주   소 | 서울시 송파구 마천로 113
전   화 | (02)448-9661 팩스 | (02)448-9663
홈페이지 | www.kunna.co.kr
E-mail | kunnabooks@naver.com

ISBN   978-89-6065-317-7 03320

* 큰나 홈페이지 주소 https://keunna.com

* 백디와 백친의 100세인생 오픈채팅방
  https://open.kakao.com/o/gHF0MEuc